O Idioma Pedra
de João Cabral

Coleção Estudos
Dirigida por J. Guinsburg

Equipe de realização – Edição de Texto: Iracema A. de Oliveira; Revisão: Luiz Henrique Soares; Sobrecapa: Sergio Kon; Produção: Ricardo W. Neves, Sergio Kon e Raquel Fernandes Abranches.

Solange Rebuzzi

O IDIOMA PEDRA
DE JOÃO CABRAL

Dados Internacionais de Catalogação na Publicação (CIP)
(Câmara Brasileira do Livro, SP, Brasil)

Rebuzzi, Solange
O idioma pedra de João Cabral / Solange Rebuzzi. – São Paulo:
Perspectiva, 2010. – (Estudos ; 280 / dirigida por J. Guinsburg)

Bibliografia.
ISBN 978-85-273-0884-7

1. Criação (Literária, artística etc) 2. Crítica literária
3. Figuras de linguagem 4. Literatura 5. Melo Neto, João
Cabral de, 1920-1999 – Crítica e interpretação 6. Poética
7. Ponge, Francis, 1899-1988 – Crítica e interpretação
I. Guinsburg, J. II. Título. III. Série.

10-00615   CDD-869.9109

Índices para catálogo sistemático:
1. Poetas brasileiros : Apreciação crítica   869.9109

Direitos reservados em língua portuguesa à
EDITORA PERSPECTIVA S.A.

Av. Brigadeiro Luís Antônio, 3025
01401-000 São Paulo SP Brasil
Telefax: (011) 3885-8388
www.editoraperspectiva.com.br

2010

Sumário

Agradecimentos. ix
Introdução xi

1. O POETA CRÍTICO E O PROCESSO DE FABRICAÇÃO

   O Poeta Crítico e Seus Primeiros Livros. 1
   *Psicologia da Composição com a Fábula de Anfion
   e Antiode*: Na Trilha do Silêncio e da Materialidade. . 14
       João Cabral-*Anfion* e a Música Silenciada. 18
       A Flor Escrita ao Avesso. 22
   A Experiência com a Máquina Minerva. 25

2. A MEDULA ÓSSEA DA ESCRITA CABRALINA

   Poemas do Capibaribe: "O Cão sem Plumas" e
   "O Rio". 43
       O Poema "O Rio" Orquestra Pedaços de Memória . 54
       As Lições de Baudelaire e de Proust. 58
   A Construção de uma Poética Pétrea e a "Condição
   Severina" 65

João Cabral e a Potência da Escrita em *Morte e Vida Severina* 70
Interromper a Escrita? "– Já Não Tens Força na Mão" 75
Série Negativa e "Coisas de Não" 78

3. A MATERIALIDADE DA ESCRITA DE JOÃO CABRAL E ALGUMAS APROXIMAÇÕES COM A POÉTICA DE FRANCIS PONGE

João Cabral e Francis Ponge: Sobre os Poemas da "Cabra" 85
"Poema(s) da Cabra" 87
Quando o Objeto É a Poética 93
João Cabral em Obra 98
A Fábrica Cabralina 98
A Bailarina-linha de João Cabral 104
O Poeta e Sua Mesa, na Materialidade da Escrita ... 107
Sobre a Fabricação (Um *Fazer* que Não É Qualquer). 112

4. O IDIOMA PEDRA

O Idioma Pedra e as Palavras de Pedra 119
Questões do Idioma Pedra e o "Zelo" com a Língua 133
A Escrita "Cabra" 148

5. CABRAL, *CABRA* 153

Referências Bibliográficas 159

Agradecimentos

Ao longo do doutorado na Universidade Federal de Minas Gerais, eu me beneficiei enormemente, das leituras que realizei nas bibliotecas da França, favorecida pela bolsa de pesquisa recebida pela Capes. Sou grata, sobretudo, aos centros acadêmicos e bibliotecas da Universidade Paris III, na Sorbonne, assim como aos professores e colegas que leram o meu trabalho e fizeram críticas e sugestões. Sergio Alves Peixoto, Jacqueline Penjon, Analucia Teixeira Ribeiro e Ângela Maria Salgueiro Marques foram leitores especialmente importantes e dedicados.

NOTA DA EDIÇÃO:
Todas as traduções das citações são da autora; foi mantida a grafia original dos poemas.

Introdução

"Escrever para mim é coisa infernal", disse João Cabral de Melo Neto ao *Diário de Pernambuco* em 4 de maio de 1969. A frase traz a força da palavra que se manifesta no ato de escrever. Interessa-nos a afirmação desta experiência com a palavra escrita, que implica um sujeito que escreve com seu ato. Priorizamos, então, aqui, o que chamaremos de a *experiência da escrita*, na qual o escritor se arrisca sempre de forma vital e perigosa em sua arte.

João Cabral produziu uma obra cuja força e densidade carregam a sua marca: o seu idioma. Ora, de fato, ele escreve e o que escreve vai "dispor" – no sentido dado por Maurice Blanchot ao termo[1] – dele mesmo. Ou seja, João Cabral escreve na exigência da obra, absorvido no ato, seguindo o caminho de dar à obra dignidade.

Assim, encontramos o autor diante de uma obra que vai nascer em luta. João Cabral experimenta e escreve com o pulso acelerado e continuamente insatisfeito. Dentro desse movimento

---

[1] Em *A Parte do Fogo*, Blanchot nos diz que alguns escritores confirmam que escrever tem para aquele que escreve um valor de experiência fundamental, pois, desde o momento em que um escritor se lança na página em branco e escreve, tem a intenção de aí experimentar algo além de seus pensamentos.

que a escrita contém, priorizando o escrever e engajado no mistério de alguma ignorância, ele declara: "Sim, quero escrever sempre em plena consciência"[2]. Porém, já havia dito, e mais de uma vez, sobre a luta que travava nesses momentos: "Escrever sem que o pulso acelere, sem rasgar, sem riscar, não entendo"[3]. João Cabral, nessa batalha que inclui também as suas ambivalências, diz coisas diversas tanto em cartas como nas entrevistas.

A escrita deste poeta constrói o *idioma pedra*. A prioridade é dada à palavra e à maneira como João Cabral vai relacioná-la no poema, endereçando-a ao leitor, principalmente, compondo o seu objeto poético um a um. Contudo, não deixamos de prestigiar a técnica, a forma como o trabalho é efetuado com disciplina. No manuseio de letras e pontuações, movimenta-se o processo que exibe os "materiais" de construção. O poeta mostra-se um artífice em *lavoro* e dedicação. Muitas vezes, ele se detém no mínimo pontual que destaca algo da singularidade da língua. O encontro com o "idioma" se dá então, a partir da construção da obra, na forma única de o poeta habitar a sua língua.

Trata-se da obra de um poeta crítico, no sentido dado ao termo por João Alexandre Barbosa, que considera os livros de João Cabral como uma poética pensada em processo de fabricação. A princípio, são os primeiros livros que nos importam, mas não apenas estes. *Pedra do Sono* (1940-1941), que está em diálogo com o texto em prosa "Considerações sobre o Poeta Dormindo", de 1941, já introduz as razões de escrever e de pensar uma obra. Interessa-nos sublinhar, que a escrita deste poeta caminha no "rastro da racionalidade", convivendo com a arquitetura moderna, obedecendo a um plano que mantém a quadra como divisão fundamental, sob a influência de Le Corbusier e de suas linhas e geometrias. Mas, João Cabral estrutura a sua poética mineral, que se escreve também fora dessa *forma* tão construtivista, permanecendo preocupado em construir seu próprio estilo. O poeta defende, principalmente, um escrever denso e seco, buscando escapar de uma lírica intimista. Persiste na trilha das palavras com os seus grãos mais duros.

---

2 F. Athayde, *Idéias Fixas de João Cabral de Melo Neto*, p. 30. A maior parte das entrevistas citadas ao logo do trabalho foram retiradas desse livro.
3 Idem, ibidem.

De forma alguma buscamos desmontar, um autor que trabalha com lucidez e racionalidade, e que se afasta da escrita lírica fácil. Mas privilegiamos o que é dito e confirmado em cartas a escritores amigos e poetas, e que observamos, enquanto leitores, pois que está dito também em seus versos, de forma clara: um poeta racional sim, e uma escrita mineral diversificada, ampla, continuamente em movimento. Especificamente, um escritor que habita a língua, fazendo-a mover-se e andar para frente, inovando.

Ao longo do texto, estará em questão a tentativa de ouvir a cadência da obra cabralina nascendo na arquitetura de uma obra espessa, firmando *o idioma pedra*. E percorreremos aspectos de uma paisagem de letras, nessa escrita que trafega em rios e corre cidades e até cemitérios (pernambucanos e metropolitanos), que se mostram em séries.

João Cabral é de fato um poeta que inventa sua própria língua como um idioma, nesse seu vocabulário mineral, ao escrever deixando ver o seu processo de fabricação. A linguagem é de pedra, com rigor e consistência de um idioma, na sonoridade da *cabra*, sonoridade nordestina.

Permanecemos atentos ao desdobramento dessa escrita mineral, percebendo-a na obra, e em suas múltiplas faces, seja no aspecto imagético que remete para os movimentos de contenção, tensão, vigilância, para afinal alcançar as *ideias fixas* "com as mesmas vinte palavras"[4], seja para abrir um caminho por onde fique possível ler, inclusive, a sua escrita insatisfeita. Pois que, aparentado e alimentado nas tantas leituras feitas ao longo da vida, no Brasil e no exterior, e atento ao minúsculo do vocábulo em sua materialidade, e ao que não se diz completamente, escutamos João Cabral no ritmo de um *cante* andaluz; um *cante sem mais nada*. E, também, no livro-poema em prosa *O Rio*, que "foi mal escrito de propósito, e está cheio de cacófatos"[5], que ele fez questão de não retirar dos versos. É aí que o poeta nos apresenta, propositalmente, sua outra face,

---

4 São elas: cabra, pedra, rio, mar, cemitério, caatinga, morte, seca, cana-de-açúcar, engenho, sertão, água, faca, sol, osso, lama, corpo, fome, dente, e deserto (já listadas por outros estudiosos da obra de João Cabral).
5 F. Athayde, op. cit., p. 105. Sobre os cacófatos de alguns versos, João Cabral comentou que assim os deixou por considerar que traduziam a fala mais rústica do povo do Nordeste.

chegando a dizer em entrevista: "busquei conscientemente uma qualidade de juta, de aniagem, de pano de saco"[6], ou melhor, uma aspereza de coisa mal acabada, contrariamente ao esperado, em geral, o verso medido de métrica contada e muito bem escrito, fazendo uso de palavras "em situação dicionária"[7].

No cruzamento entre Pernambuco e Andaluzia – regiões de sua poética – há um ângulo que, segundo o poeta pernambucano Sebastião Uchoa Leite, "não é só 'racional', mas emocional – pelo que é visceral, pelo que é tripa e não metáfora poética, por algo rústico, consistindo mais na ideia nuclear da cabra que resiste do que nas medidas arquitetônicas da construção poética"[8]. Esses momentos sinalizam, muito especialmente, o que compartilhamos com Uchoa Leite, uma escrita também visceral.

Encontramos na escrita cabralina os traços desse escrever árido, em ritmo *cabra*, priorizando mais o ritmo que a forma, pois que este se mantém em toda a sua obra, e a forma ocupa o branco da página de maneira distinta, evidenciando o caráter da experiência, como se pode perceber nos poemas em prosa.

João Cabral, considerado um dos maiores poetas da nossa língua, é um escritor que buscou traduzir-se como um "brasileiro nordestino pernambucano" antes de qualquer coisa. Viveu a infância nos engenhos de açúcar da família. Foi diplomata e viajou pelo mundo – aberto ao novo de outras línguas e conhecendo outras culturas –, mas continuou favorecido pelo tempo e as histórias de seus "engenhos", no duplo sentido da palavra, trabalhando sua criação com inquietude:

> Eu saí de Pernambuco com 22 anos, na véspera de fazer 23. Da primeira vez que saí de Pernambuco, passei onze anos sem ir até lá. Eu saí em 1942 e voltei em 1953. Mas nunca superei o fato de

---

6 Idem, ibidem. Em entrevista a Vinícius de Moraes, João Cabral explicou que buscou conscientemente a qualidade da juta, pois estava ficando irritado de ser considerado um poeta "técnico" e "civilizado".

7 Expressão usada por João Cabral em "Rios sem Discurso". Segundo Modesto Carone: "A expressão remete diretamente a um famoso poema de Carlos Drummond de Andrade – "Procura da Poesia" –, onde se diz que 'os poemas que esperam ser escritos' estão no 'reino das palavras' – 'sós e mudos *em estado de dicionário*'", *A Poética do Silêncio*, p. 70.

8 *Crítica de Ouvido*, p. 92.

ser obrigado a viver fora de Pernambuco. Sempre dou um pulo lá, embora hoje Pernambuco seja bem diferente do que eu conheci. O Recife, então, está inteiramente mudado. Em todo caso, volto sempre. Toda oportunidade que tenho vou por lá. A gente não pode dizer o que é que vai falar no futuro. Mas tenho impressão de que a gente escreve sempre sobre as impressões da infância e da adolescência. Nessa época o homem é mais sensível. Grava mais as coisas. Então, forçosamente, nunca poderei me livrar dessa impressão de Pernambuco sobre mim. Imagino que ela continuará[9].

O poeta João Cabral exerce um diálogo crítico-poético e introduz o seu *idioma pedra* já em alguns versos de poemas do livro *Pedra do Sono*, escrito em 1942, deixando-nos perceber sua "máquina de comover"[10]. O *idioma pedra* trabalha essa noção "espessa" da palavra não mais prisioneira das representações, mas em luta para escrever-se com lucidez, racionalmente "catando o feijão"[11] no branco da página. Um poeta que foi nomeado pelos pares como poeta-engenheiro, e/ou poeta-construtor, tanto quanto se nomeou *não poeta*, por não se sentir com o espírito de poeta: "Eu nunca pensei em ser poeta nem me considerei (e até hoje não me considero) com temperamento de poeta. Eu tenho temperamento de crítico"[12]. João Cabral gostava de afirmar que passou a ler poesia com entusiasmo quando descobriu os poetas modernos, e os versos brancos que não precisavam ser líricos. Decidiu-se pela poesia depois de ler Carlos Drummond de Andrade, pois compreendeu que podia haver uma poesia lógica:

Não [não escrevo desde pequeno], inclusive quando era aluno do ginásio eu tinha horror à poesia. Ler, eu sempre li romance e, depois de certa idade, muito ensaio, muita coisa. Agora, poesia, eu tinha verdadeiro horror, porque, naquele tempo, as antologias em que a gente estudava nos colégios só iam até o Parnasianismo,

---

9 F. Athayde, op. cit., p. 67.
10 Influenciado por Le Corbusier e sua ideia de uma *machine à émovoir* (máquina de comover), João Cabral busca uma poesia que não deixa de emocionar, mas que o faz com o equilíbrio e o rigor construtivo da engenharia.
11 Remissão ao poema "Catar Feijão" (*A Educação pela Pedra e Depois*), no qual, para expor a sua concepção do ato criador, o poeta toma como referência um ato cotidiano em que também o escolher, o combinar, são necessários.
12 F. Athayde, op. cit., p. 24-25.

de forma que eu lia poetas brasileiros e portugueses parnasianos, românticos, e aquilo me dava nojo, tinha um verdadeiro ódio de poesia. Ódio é exagero, mas não entendia como alguém podia se interessar por aquilo[13].

Há, no pequeno conjunto da correspondência de João Cabral com Manuel Bandeira, Carlos Drummond de Andrade e Clarice Lispector, algumas cartas que compõem, como plano de fundo, este estudo, tanto quanto entrevistas que esclarecem aspectos de sua obra. Consideramos a correspondência como lugar de experiência da escrita, lugar onde se mostra um trabalho com a letra, fruto e iniciativa que a troca epistolar também favorece. No *idioma pedra* e em uma poética que se define "em manifestações concretas de realização em poemas, como uma poesia crítica"[14] encontramos o itinerário do poeta.

Nomeamos como medula óssea da poética pétrea cabralina certo momento de sua escrita, por nos parecer que João Cabral estrutura sua poética de forma densa ao longo da enxurrada de poemas do ciclo das águas (*O Cão sem Plumas*, *O Rio* e *Morte e Vida Severina*) do rio Capibaribe. Convém salientar que é aí, nesse momento, que o poeta conhece ritmos novos, prosaicos inclusive, sem deixar de lado a densidade da palavra. O vocábulo prosaico chega "sujo" de realidades do mundo, e escreve-se, literalmente, na tensão e no ritmo áspero.

Verificamos, também, que *Morte e Vida Severina* foi um texto encomendado para o teatro por Maria Clara Machado – e depois João Cabral tencionou "atingir esse tipo de leitor de romanceiro de cordel"[15]. O texto chegou a ser anunciado pelo poeta como um poema fracassado, porque não conseguiu alcançar o "povo analfabeto que consome os romances de cordel"[16]. Tanto quanto *O Rio* e *O Cão sem Plumas*, *Morte e Vida Severina* nos importa porque comparece nessa escrita, desmistificando a própria forma de escrever em blocos arquitetados, e constrói-se no percurso do rio Capibaribe de uma

---

13 F. Athayde, op. cit., p. 37-38.
14 J. A. Barbosa, A Poesia Crítica de João Cabral, *Cult*, n. 29, p. 23.
15 F. Athayde, op. cit., p. 75.
16 Idem, p. 111.

maneira tal que condensa o pétreo e o que vem pesado de lama, além do dramático (no sentido dado pelo poeta em entrevista): "Depois de *Morte e Vida,* comecei a ver que minha poesia é dramática, não no sentido de ter sido escrita para o teatro e nem no sentido de ser drama, mas porque existe nela um elemento de ironia e sarcasmo, sem haver um interlocutor vivo"[17]. Em relação ao tema da morte, que com ironia está bem presente nesses poemas, João Cabral reconheceu, na forma como os versos correm no branco da página, uma distinção para cada um deles, mas a temática é a mesma, pois "o rio é o meu Capibaribe". É o rio quem fala a sua viagem, e o poeta chegou a confessar que sempre imaginara o *rio* como um livro, e que ele viesse a ser recitado nas feiras do Nordeste: "Mas não, eu tenho a impressão de que tem alguma coisa ali que perturba"[18].

"A coisa que perturba" está presente ainda nos versos com as inúmeras repetições que permitem ver as designações dos cemitérios, com a seca e a fome nordestinas, ressaltando a força pulsional dos versos que nascem depois em séries. É também onde João Cabral se mostra como um poeta construtor de singularidades, ou um escritor que consagra à morte um estatuto poético. Seus poemas expõem cenas vividas na intimidade da vida do Nordeste, carregando, nas muitas cenas do texto, paisagens que comprovam e afirmam um real quase nunca relatado, de tal forma que o poeta vai inserindo no seu *idioma pedra* detalhes da coloquialidade desse *idioma* (com seus sotaques, inclusive) e até algumas canções folclóricas, deste vasto Brasil.

Assim, dentre as poucas palavras repetidas que participam de sua poética, nas, já bastante comentadas, "ideias fixas", há o vocábulo *cabra*, ao qual daremos o estatuto de palavra-*objeu*[19]. A intenção é a de pensar a questão da materialidade na poética de João Cabral, nos aspectos em que essa materialidade se aproxima, teoricamente, das conceituações feitas pelo poeta Francis Ponge em sua obra. Atentos à "coisa" em Ponge, que

17 Idem, p. 108.
18 Idem, p. 106.
19 O *objeu* é uma noção construída pelo poeta Francis Ponge, que dá à palavra estatuto de objeto verbal. Objeto que trabalha com o movimento de letras no jogo da linguagem, na tensão na qual ele se constitui a partir de uma exterioridade nos obscuros domínios da palavra-coisa.

parece buscar superar traços de sua história pessoal, fora de uma posição autocentrada, traduzimos alguns versos de poemas, entre eles "La Chèvre", "Le Savon" e "La Figue".

Destacamos semelhanças e diferenças entre essas duas poéticas. Ambos foram reconhecidos como poetas "das coisas". João Cabral chegou a afirmar-se "profundamente antilírico"[20], além de trabalhar com "uma poesia de *não* como um poeta do concreto, e mais concretamente, de coisas de não"[21]. A sua linguagem poética segue a estratégia dos versos de: "Fazer com que a palavra leve / pese como a coisa que a diga"[22]. Francis Ponge, por outro lado, nomeou-se "obstinado em descrever as coisas", tendendo à fórmula de "o jogo combinado do espírito crítico e do fluxo lírico ou lógico (*verbal*), enfim o fluxo ruminante"[23]. Os dois poetas mostram-se, tanto nas entrevistas como em seus próprios escritos, conhecedores dos seus limites e meios de expressão como artesãos da linguagem *em processo* de criação.

Enquanto poetas críticos, os dois trabalham atentos ao próprio fazer poético. A poesia-crítica, pensada como crítica da poesia, é um dos pontos que nos interessa. Essa modalidade de crítica é essencial para a estruturação dos poemas, em que escrever é pensar o poema se fazendo. Lembremos que João Cabral também afirmou ter escrito muitos poemas sobre escritores e pintores porque era um poeta crítico, e não se dedicou somente à crítica porque, quando começou a escrever, não se sentia com cultura suficiente.

Atentar à exigência do trabalho com a palavra será parte essencial em nossa reflexão sobre alguns aspectos das escritas de Francis Ponge e João Cabral. E chamamos de exigência do trabalho com a palavra isto que está diretamente relacionado ao termo "*objeu*", construído por Ponge para pensar o objeto verbal em suas muitas voltas.

A noção de *o idioma pedra* será desenvolvida dando à questão da *pedra* e às *palavras de pedra* um lugar singular no

---

20 F. Athayde, op. cit., p. 55, esclarece na entrevista: "Eu me situo na linha dos poetas marginais porque sou profundamente antilírico. Para mim, a poesia dirige-se à inteligência, através dos sentidos".
21 M. A. de Souza Tavares, *Poesia e Pensamento*, p. 227.
22 Catecismo de Berceo, A *Educação pela Pedra e Depois*, p. 59.
23 Sur l'inspiration, *Pratiques d'écritures ou l'inachèvement perpétuel*, p. 48.

idioma. Inventar "nordestinamente" um ritmo e adequá-lo, na forma que aqui vamos reconhecer, será aceitar as influências de um léxico para a leitura desse idioma. Reuniremos não só e sempre "as mesmas vinte palavras" já sabidas e afirmadas, mas também os substantivos-adjetivados com as tantas variações, como as do nome próprio Severino. Mas não somente, pois "festejamos" algumas sutilezas da língua e o processo de inacabamento da obra (o uso do símile como metáfora aberta, por exemplo), nesse idioma em que encontramos os sinais do *estado espesso* do trabalho de João Cabral.

Permanecemos sempre atentos à construção e à materialidade da escrita *cabra* com seu ritmo nordestino inserido na língua e no idioma de João Cabral. Como poeta crítico, com sua linguagem de pedra, dura, sonora e originária do Nordeste, ele inventa as muitas possibilidades que a pedra abre. A voz fria e sem ênfase será marcada *a* "palo seco", nessa poética que é muito mais ritmo e rigor que canto. No concreto, na aspereza e na densidade da palavra, se precipita essa poética, fazendo valer a dicção inseparável da técnica, que se mostra em "funcionamento" e em *désoeuvrement*[24]. Um movimento com assimetrias, asperezas e imperfeições, em cuja *materialidade* a arquitetura construtivista ajuda a assimilar a diversidade do mundo com ironia e simplicidade, embora o movimento da obra conduza a palavra a alargar seus próprios limites e formas.

---

24 O termo foi traduzido por nós como "desobramento". É um conceito blanchotiano e vem precisar o movimento da obra de um poeta em "deslocamento perpétuo, ausente de toda morada". Assim, buscamos manter o vocábulo o mais perto possível da sonoridade dada por Blanchot, em *O Espaço Literário*, quando o autor o inseriu na língua francesa para falar sobre a obra dos poetas sempre em movimento e, mais precisamente, sobre a obra de Rilke.

Barcelona, 17.2.948

Meu caro Manuel,

Aqui vão mais 24 páginas do seu 'Mafuá'. Você verá que umas estão com a impressão melhor do que outras. Razão: a máquina, verdadeira e não de brinquedo, que comprei e que, infelizmente me chegou já seu livro bem adiantado. A princípio hesitei: deveria ou não tornar a fazer as primeiras páginas? Essa duvidazinha porém desapareceu ao continuar meu exercício com a máquina. Na verdade, se esta é capaz de dar uma impressão perfeita, exige, em compensação, pleno domínio de seus mistérios. O resultado é que estou num período de aprendizagem — agora da máquina — e o que é mais triste: essa aprendizagem se verifica sendo o seu livro de cobaia, coisa que não quis evitar para impedir mais adiamentos. Em resumo, a coisa é esta: a impressão de seu livro, embora implicitamente melhor do que a da Prtico-tipia da Composição, não está, nem de longe, perto o que eu gostaria de fazer em tipografia. Falo da impressão, porque o que diz respeito ao lado plástico da coisa não me desagrada de todo (falo da paginação, da portada, etc.; que coisas que até agradaram francamente, ao Joan Miró. Aliás, o Miró está entusiasmado com o que se pode fazer em tipografia e, quando volte da França, onde foi por 1 mês, realizaremos alguns trabalhos juntos). Solução que proponho: quando tenha o livro terminado, lhe mandarei, via aérea, um exemplar autêntico. Você o examinará e dirá o que devo fazer: se jogar os exemplares todos no galinheiro ou se mandá-los a você. Na primeira hipótese, prometo — quando mais domínio tenha — fazer uma nova edição do 'Mafuá'.

Uma das coisas que tem atrapalhado — ou melhor, a principal coisa que me tem feito apanhar da máquina, tem sido o papel. Este é inefavelmente um papel formidável, como talvez se encontre em poucas partes do mundo. Mas é um papel muito duro, por ter muita cola, e difícil de se trabalhar com. Estava aqui um impressor alemão, um sujeito fabuloso, aliás, que me criticou haver começado por uma natureza tão difícil como a dêsse papel. Mas que fazer? O livro estava começado e não compensava voltar.

Recebi uma carta sua — não resposta à minha que levou as primeiras provas aéreas — com seus três últimos poemas. Achei-os excelentes, principalmente O BICHO. Não sei quantos poetas no mundo tão capazes de tirar poesia de um "fato", como você faz. Fato que comunica sem qualquer jogo formal, sem qualquer palavra especial: antes, pelo contrário: como que pretende anular qualquer efeito autônomo dos meios de expressão. E isto é tanto mais impressionante, porque ninguém, mais do que V., é capaz também de tirar todos os efeitos da atitude oposta, isto é, do puro funcionamento dêsses meios. Você já terá notado que meu ideal é muito mais êste M. Bandeira do que aquêle. Mas diante de poemas como O BICHO, fico satisfeito que nenhum

(por verificar)

excesso intelectualista me é capaz de tirar a sensibilidade para ~~os~~ poemas dessa família.

   Depois de seu livro concluído, vou começar a composição de uma revista trimestral chamada ANTOLOGIA. A revista não terá programa formulado, mas seguramente perseguirá um duplo sentido existente no seu pretensioso título: o de dar um balanço no ~~numeroso~~ contemporâneo e de procurar a expressão de um qualquer através do ato de escolher. Atualmente, esse problema da ~~~~ possibilidade de expressão pessoal na seleção me obceca. Ainda há pouco tempo, reconheci todo a pintura de Miró, ou melhor, seu mundo, num pequeno museu que ele tem em casa, e onde agrupa desde esculturas populares até pedras achadas ao acaso na praia, pedaços de ferro velho com uma ferrugem especial, etc. É impressionante como tudo aquilo é Miró.

   Esta revista será dirigida pelo Lauro Escorel, ao por mim e um outro. Já está convidado, para se ser outro, o Antônio Cândido. Mas até a última carta que me escreveu o Lauro, o ~~~~ nosso professor não havia ainda respondido ao convite. Para o 1º número já tenho: a) um ensaio de Antônio Moraes, sobre o vocabulário de Carlos Drummond de Andrade; b) El alejandrino en la poesía castellana del presente, nota e antologia de um rapaz daqui; c) 25 "rumbas" de Carles Riba, o melhor poeta catalão vivo, traduzidas por mim (sua pergunta sobre aqueles autores me fez criar vergonha. Comecei a ler e a aprender a língua do país e em sua literatura descobri enormes coisas). Até agora, há isso. Se você sentir necessidade de se exprimir ~~~~ ruminho pedras e ferros velhos encontrados em poetas lidos, pode mandar. Sempre há tempo e portas abertas para você.

   Uma ideia que eu e o Lauro tivemos é a de fazer nossos melhores poetas falarem de si mesmos em termos artezanais. Eu me lembro, por exemplo, de uma confissão sua, feita em conversa: a de que a poesia lhe chegava como um "cio" (a palavra foi sua); a de que sair tes bois ou três poemas, há que ~~~~ contrariar o desejo de fazer mais; a de que, se interessasse faria dez mil poemas mais, todos porém iguais, etc. etc. ~~~~ Refiro-me a essa conversa para dizer o tom em que gostaríamos de ter as confissões. Se V. se sente disposto, pode começar.

   Falando ainda da revista, explico que será de pequena tiragem, distribuída ~~~~ grátis, e obedecerá a um sistema de revista que nunca vi feito entre nós. Esta última referência diz respeito à paginação dos capítulos. Porque em matéria de organização, o crédito está em que não daremos nenhuma bola ao que se poderia chamar "vida literária". Também não teremos as antipáticas ~~~~ e costumeiras "Seções" de livros, cine, etc.

   Bom, meu caro Manuel, fico aqui que a noite vai alta. Amanhã ponho esta no correio — é dia de mala. Mas não sei se ela alcançará o Rio ou se ficará ali à espera de que V. deixe a tua. É as "Completas"? Estou ansioso por recebê-la.

   Um abraço afetuoso de seu amigo e admirador
                                          João Cabral

1. O Poeta Crítico e o Processo de Fabricação

O POETA CRÍTICO E SEUS PRIMEIROS LIVROS

A poesia de João Cabral de Melo Neto foi reconhecida como a obra de um crítico. Este lugar de poeta crítico, aquele que escreve e pensa a própria escrita, mostrou-se de suma importância dentro da literatura de nosso tempo. Hoje, podemos considerar que sua obra reúne poemas que tão bem traduzem a realidade brasileira do Nordeste e da fome do povo nordestino, mas que, principalmente, escreve-se em um processo de construção, falando ao leitor e comentando questões sobre o escrever, em forma incessante de atividade (auto)crítica.

É notória a força da obra cabralina nesse movimento de *désoeuvrement*, desdobrando-se e montando-se na qualidade da pedra. Ou seja, experimentando o silêncio e a densidade dos vocábulos. Maurice Blanchot, ao pensar a escrita enquanto processo que se desdobra, *desobrando-se*, colabora no amor pela discrição, em uma espécie de desejo pela completa ausência, ausência do autor. O *désoeuvrement* blanchotiano tem relação com a obra, pois fala desse momento em que ela está sendo escrita, embora a pense também como ausência de obra, porque diz da relação de uma escrita em movimento, ou seja, em deslocamento perpétuo, indagando-se sobre sua razão de ser e sua possibilidade.

Escrever é fazer obra da palavra e, nesse caminho, a obra é *désoeuvrement*. Esse conceito interessa-nos, pois remete à abertura de um vazio e tem relação com o "desaparecimento" – outro conceito também de Blanchot. Ele nos diz que escrever assim exige mudanças radicais, é uma violência e é uma interrupção, visto que transgride leis e muda os rumos do até então estabelecido. A literatura vista dessa maneira se constitui, portanto, como um espaço onde tudo que é fixo se torna móvel, e as verdades são abaladas, em um misto no qual as contradições e dicotomias desaparecem. Podemos relembrar ao leitor que Blanchot se refere a um desaparecimento, falando de apagamento, de um anonimato necessário, de um estranhamento diante do mundo, algo que o escritor experimenta na escrita, quando esta não se dirige ao sentido, mas quando busca a materialidade das coisas, sua natureza e sua presença física.

O poeta João Cabral trabalha seus poemas atento em dar a eles a materialidade que escapa ao lirismo e à escrita fácil, ao mesmo tempo que se preocupa em fazer valer um teor de compreensão e simplicidade nas palavras, que acabam causando alguma estranheza, pois parecem buscar traduzir a experiência que não se traduz. Mas João Cabral corrobora na tensão da obra que não se submete nem ao sentido nem ao fácil. O poeta, dessa forma, experimenta, ao lançar-se na experiência da escrita, *desobrando-se,* correndo os riscos, escrevendo provocado e provocando. "Diante da folha branca" onde "tanta lucidez dá vertigem"[1].

A poesia de João Cabral, declaradamente marcada pelo modernismo drummondiano, dialogou com muitas outras leituras e estudos. Sua escrita reflete sobre o paradoxo da linguagem que se faz coisa, e ao mesmo tempo se mostra na fórmula: "Tudo proferir é também proferir o silêncio. É, portanto, impedir que a palavra jamais se torne silenciosa"[2]. Um paradoxo que atingiu tanto Mallarmé como Blanchot e que chega a João Cabral, no sentido de tê-lo colocado a trabalhar com as coisas e com a paixão pelo silêncio ao mesmo tempo. Sabemos que o

---

1 Diante da Folha Branca, *A Educação pela Pedra e Depois*, p. 248.
2 Blanchot apud R. Laporte, *A l'extrême pointe. Proust, Bataille, Blanchot*, p. 69.

silêncio perfeito, completo, é impossível e inacessível. O poeta, portanto, compõe versos que mostram o movimento da linguagem e a luta com a palavra que nunca se diz inteiramente.

A poeta Marly de Oliveira, que foi sua segunda esposa, reconheceu em João Cabral a influência do poeta francês Pierre Reverdy com quem ele teve contato desde bastante jovem "pelas mãos de Willy Lewin"[3]. Aliás, foi Lewin quem apresentou a João Cabral os *Cahiers* de Paul Valéry. Sobre Valéry, João Cabral gostava de afirmar ser um leitor fervoroso de seus ensaios. Recolhemos da conferência de Valery, apresentada na Universidade de Oxford, em 1939, uma menção à poesia que se aplica a João Cabral: "Quanto a mim, que, confesso, presto muito mais atenção na formação ou na fabricação das obras que nas próprias obras, tenho o hábito ou a mania de só apreciar as obras como ações"[4]. Parecendo ter encontrado, nas leituras dos ensaios de Valéry, as razões que confirmam a importância da obra, trabalhando e "produzindo" versos, João Cabral aplica esses ensinamentos valerianos em sua própria *fabricação*.

Na literatura espanhola, João Cabral encontra "o reforço de preferência pela palavra concreta como *mais poética*"[5]. A materialidade da palavra fortalece a narrativa de alguns de seus poemas em prosa, ou de métrica mais livre, à moda, por exemplo, de Berceo*. É o ritmo áspero da velha literatura castelhana que interessa a João Cabral,

uma aspereza de coisa mal acabada, tão ostensiva na construção desta poesia assente numa poética de pobreza, do pouco, construção que se serve, sobretudo, de versos de seis e sete sílabas e muito particularmente da conjugação desta medida com o seu trabalho com a rima toante[6].

---

3 M. de Oliveira, Prefácio, em J. C. de Melo Neto, *Serial e Antes*, p. ix. Lembramos, sobre Lewin, as seguintes palavras de João Cabral em entrevista a Odylo Costa Filho: "Em Carpina li Proust que o Willy tinha emprestado [...]. Não tenho curso superior, mas considero equivalente a uma faculdade de Filosofia e Letras o que aprendi com Willy Lewin e depois com Joaquim Cardozo", *Vogue*, Rio de Janeiro, jun. 1976.
4 Poesia e Pensamento Abstrato, *Variedades*, p. 203.
5 M. A. de Souza Tavares, *Poesia e Pensamento*, p. 232.
* Gonçalo de Berceo (*c.* 1197-1264). Primeiro poeta conhecido de língua castelhana (N. da E.).
6 M. A. de Souza Tavares, op. cit., p. 120.

Em relação a Berceo, que associava elementos de feição popular e concretude, João Cabral reconhecia a influência recebida até para a escrita de seu poema "Morte e Vida Severina", em que fez uso das tradições pernambucanas (como os autos pastoris, por exemplo). Na entrevista concedida pelo poeta a Antonio Carlos Secchin, em 4 de novembro de 1980, encontramos a declaração de que ele gostava de trabalhar com certas tradições do Nordeste. Notadamente, com o Nordeste mítico do sertão e suas inúmeras histórias. Há relatos de pesquisas feitas em livros do início do século XX, como o livro sobre o folclore nordestino de autoria de Pereira da Costa.

Pensar a escrita crítica de João Cabral é pensá-la no encadeamento da obra e lançar-se a recuperar seu movimento de obra. O poeta que publicou seu primeiro livro, *Pedra do Sono* (1940-1941), em diálogo com o texto em prosa apresentado em 1941, no Congresso de Poesia de Recife, "Considerações sobre o Poeta Dormindo", escrito quando ele tinha apenas 21 anos, definiu o sono "como fonte do poema". Buscando diferenciar o sono do sonho, e seguindo a trilha oposta dos surrealistas, mas mesmo assim influenciado pelo que se falava naquele momento sobre o movimento surrealista, João Cabral reconheceu, na experiência do sonhar, o que pode ser narrado e que se difere do sono: "essa ausência que nos emudece"[7]; crendo ser o sono uma espécie de poço em que ficamos ausentes.

Algumas observações que circundam esse texto em prosa, escrito pelo poeta, desvendam uma parte importante de sua primeira poética, ou do movimento de uma escrita que começa. De certa forma, o texto nos dá a ver um leitor de Freud (de *A Interpretação dos Sonhos*[8]). João Cabral nomeia o sonho uma obra em si, e diz que "é preciso lembrar que o sonho é uma obra cumprida"[9], em clara referência a Freud que sustentava um lugar às narrativas dos sonhos, pois acreditava ser o sonho uma realização de desejo. Em Freud encontramos que "um sonho, via de regra, é simplesmente um pensamento como outro qualquer, tornado possível pelo relaxamento da censura e pelo

---

7 Considerações sobre o Poeta Dormindo, *Prosa*, p. 13.
8 Freud nomeia o sonho como "realização de desejo" no livro VII de suas *Obras Completas*.
9 Considerações sobre..., op. cit., p. 13.

reforço inconsciente, e deformado pela operação da censura e pela revisão inconsciente"[10].

As razões de escrever e de pensar uma obra, já inseridas nessas percepções de João Cabral, valorizam a plasticidade, inclusive do sonhar, e confirmam uma obra em estado embrionário, mas já contundente em seu princípio básico de criação: a atenção e a reflexão sobre a própria obra.

A importância que o poeta reconhece no sono, "nesta ventura que não se conta", favorece a percepção de uma zona obscura "(um tempo obscuro) [...] de onde subirão mais tarde esses elementos que serão os elementos do poema e que o poeta surpreenderá um dia sobre seu papel sem que os reconheça"[11]. Sobretudo, tais elementos propiciam ao autor algum recolhimento na presença de sua caminhada criativa: "o poeta andando a longas pernadas dentro de sua noite"[12]. E sinalizam, inclusive, um lugar dado ao inconsciente, ao que João Cabral considerou como "a visão de um território que não sabemos"[13].

Podemos destacar que o poeta inicia seu trabalho de escrita pensando-a criticamente, como um exercício, e que talvez buscasse avaliar suas fontes e alimentos. Ao acreditar-se desde sempre lúcido, difere da escrita dos poetas surrealistas, que valorizavam o sonho e a escrita fácil; oferecendo-se e lançando-se no obscuro, João Cabral fazia uso de imagens oníricas, por influências vindas das artes plásticas, enquanto se mostrava interessado em encontrar uma solução pessoal. Na entrevista realizada com Geneton Moraes Neto, em 16 de março de 1987, algumas palavras do poeta esclarecem a sua busca na direção oposta ao espontâneo: "O homem acha, em geral, que tudo o que se faz artificialmente é falso e não diz nada dele. Vejo exatamente o contrário: o que você fez espontaneamente é eco de alguma coisa que você leu, ouviu ou percebeu de qualquer maneira"[14]. Essa entrevista que começa

---

10 A Interpretação dos Sonhos, *Obras Completas*. v. xix, p. 142. No texto, que é bastante lido por escritores e poetas, encontramos em nota de pé de página que "Freud amiúde insiste no fato de os sonhos serem meramente uma forma de pensar".
11 Considerações sobre..., op. cit., p. 13.
12 Idem, p. 15.
13 Idem, p. 14.
14 F. Athayde, *Ideias Fixas de João Cabral de Melo Neto*, p. 32.

valorizando Valéry, que criticava a escrita espontânea, busca encontrar e separar o que é do outro, na escrita fácil. Com rigor e trabalho verbal, João Cabral confirma a regra do poeta que tanto o marcou, priorizando seus textos ensaísticos: "Valéry dizia que tudo o que vinha a ele espontaneamente era eco de outra pessoa! Ele só acreditava numa coisa que ele fizesse com rigor intelectual, porque durante esse trabalho rigoroso ele eliminava tudo o que, nele, era dos outros"[15].

De muitas outras maneiras, o poeta afirmou seu desejo de manipular o verso sempre dando lugar ao que nasce difícil e exige esforço. Dentro desse conceito de poeta crítico, aquele que escreve e pensa a própria escrita, e que maneja o verso que nunca é livre, João Cabral considerava que era preciso desbastar o excesso e o inútil, para recuperar o essencial a ser dito, com as regras ditadas pelo próprio fazer. Ele confirma as regras: "Desde o momento em que você as respeite, está exigindo de você maior trabalho e uma coisa que você faz com inteligência e trabalho é forçosamente melhor"[16]. Ou seja, é preciso, de fato, suor e dedicação.

Alguns estudiosos e críticos de sua obra encontram motivos suficientes para nomear o primeiro momento de seu esforço lírico, que difere do restante da obra, surgindo cada vez mais antilírica e afastada do surrealismo e do cubismo que a atingem de alguma maneira, nesse primeiro tempo. Ainda sobre *Pedra do Sono*, comenta-se que algumas formas mais oníricas nos versos são constatações de que o poeta realmente lia André Breton e outros surrealistas. No entanto, a epígrafe do livro, *Solitude, récif, étoile...* de Stéphane Mallarmé, sustenta a direção desejada pelo poeta.

Mallarmé, que manteve características simbolistas em boa parte de sua obra, por não abolir a musicalidade dos poemas, declarou: "É preciso despoetizar o poema", frase repetida por João Cabral, ao longo de seu percurso poético. Esse verso citado acima, escolhido pelo poeta para compor seu primeiro livro, participa do soneto "Brinde", um dos mais famosos de Mallarmé.

A *espuma poética* de "Salut"(Brinde) foi considerada por Wallace Fowlie, um especialista norte-americano em poesia

---

15 Idem, ibidem.
16 Idem, p. 93.

francesa, como invocação do mar, ou a linha poética designando a superfície. O *brinde* de Mallarmé parece conter sua aventura poética:

> Empenho-me em pura voragem
> Sem mesmo temer a arfagem
> A, de pé, este brinde erguer:
> Solitude, recife, estrela[17].

Mas, o brinde de João Cabral abre uma poética que agradece a seus pais, a Willy Lewin e Carlos Drummond de Andrade. Supostamente, o poeta ergue o brinde no primeiro livro, *Pedra do Sono*, com os versos de Mallarmé: "Solitude, Recife, Estrela...", endereçando os três significantes ao seu futuro de poeta. E que o leitor aqui não se apresse, mas admita a presença corpórea deste *estado de pedra* do vocábulo "*récif*".

No poema de "Dentro da Perda da Memória", que também faz parte desse seu primeiro momento, encontramos "nas bicicletas que eram poemas" imagens que surgem ainda sob efeito de uma "arfagem" surrealista:

> Dentro da perda da memória
> uma mulher azul estava deitada
> que escondia entre os braços
> desses pássaros friíssimos
> que a lua sopra alta noite
> nos ombros nus do retrato.
> [...]
> E nas bicicletas que eram poemas
> Chegavam meus amigos alucinados[18].

Embora seja um poema escrito sob o efeito do surrealismo, como outros tantos, há sinais de que o poeta partia em busca da pedra, o elemento de construção de seu verso, ou seja, *Pedra do Sono* já foi um livro laboriosamente construído. O vocábulo duro comparece e a "pedra" compõe a parte do livro "Não Nordeste (B)", na cena do *cante*:

---
17 *Poemas Stéphane Mallarmé*, p. 11.
18 Dentro da Perda da Memória, *Serial e Antes*, p. 5

Fernanda de Utrera arranca-se o *cante*
quando a **br**asa extenuada já definha;
quando a **br**asa resfriada já se reco**br**e
com o cobe**r**tor ou as plumas da cinza.
Ela usa a **br**asa íntima no quando longo
rola calo**r** abaixo até a pe**dr**a;
no da **br**asa em pe**dr**a, no da **br**asa do **fr**io:
para daí reacendê-la, e con**tr**a a queda[19].

Um poema bastante enigmático, em que o poeta indica o ritmo no calor da pedra-brasa (da sonoridade r), com as duas consoantes que fazem o trabalho nos encontros consonantais br, dr, tr, fr reverberando sob o cuidado de João Cabral. São vinte e uma vezes que contamos a letra "r", nos oito versos da segunda estrofe (acima), onde escolhemos sinalizar com negrito a posição das letras. De fato, João Cabral pré-anuncia a maneira como vai construir com a pedra, realçando o sotaque nordestino (na forma de falar típica do nordestino que acentua as sonoridades em R), embora nomeie e insira o poema na parte "Não Nordeste" do livro, e apareça como uma homenagem ao *cante* flamengo. As irmãs Bernarda e Fernanda de Utrera são personagens do poema e grandes lendas do *cante* flamengo, cantavam em Sevilha desde 1955.

Os vocábulos, enquanto um mundo concreto e denso, têm a sua beleza do ponto de vista fonético, e também do ponto de vista de que muitos deles são "palavras de dicionário"[20]. Aqui destacamos a sonoridade dessas consoantes já citadas. As palavras podem ser percebidas em mais de uma dimensão. Ao mesmo tempo, elas têm uma dimensão para o olho, e outra para o ouvido (ou a orelha), e, ainda uma outra, a terceira, para a sua significação. É assim que a pedra ou a brasa desses versos podem ser entendidas com as suas existências sensíveis (grafias, sonoridades e as suas significações mortas ou acesas). Por consequência, é assim que podemos tomar a palavra como um objeto em três dimensões, que pode ser compreendido sob diferentes formas.

Há, sobretudo em *Pedra do Sono*, versos líricos que trazem a memória de um escritor jovem, que experimenta dizer

---

19 De Bernarda a Fernanda de Utrera, idem, p.11 (grifos meus).
20 A expressão nasceu no poema "O Aventureiro" que compõe o primeiro livro de João Cabral.

sua criação, com algumas noites que se acendem para a escrita, por onde descem vozes, sustos, medos:

> No telefone do poeta
> desceram vozes sem cabeça
> desceu um susto desceu o medo
> da morte de neve.
> [...]
> Nuvens porém brancas de pássaros
> acenderam a noite do poeta
> e nos olhos, vistos por fora, do poeta
> vão nascer duas flores secas[21].

A atenção é então com as coisas a serem vistas, um aspecto da poética de João Cabral que se manterá ao longo da obra; uma certa atribuição que destaca os olhos e a visão na linguagem, priorizando "o que existe além do mundo físico"[22]. Mas são com "os acontecimentos de água" – que os versos de "O Poema e a Água" repetem, no gesto de leitura – que confirmamos o olhar fixo do poeta também em algum ponto perdido do passado.

E há o que ainda está por vir, no sentido do que nascerá na obra que se desdobra, com poemas organizados principalmente na quadratura do verso: "com a presença do quatro e seus múltiplos, de forma consciente significando o racional"[23]. A poesia que se mostra em "A Poesia Andando" exibe o poeta em trabalho, arquitetando estrofes com quatro versos, mas com métrica livre:

> Os pensamentos voam
> dos três vultos na janela
> e atravessam a rua
> diante de minha mesa.
> [...]
> Enquanto os afugento
> e ao mesmo tempo que os respiro
> manifesta-se uma trovoada
> na pensão da esquina[24].

---

21 O Poeta, *Serial e Antes*, p. 14.
22 M. Peixoto, *Poesia com Coisa*, p. 28. O comentário aproxima João Cabral de André Breton no seu ensaio "Situação Surrealista do Objeto", de 1935.
23 M. de Oliveira, Prefácio, em J. C. de Melo Neto, op. cit., p. xii.
24 *Serial e Antes*. p. 7.

O poeta, contudo, vai consagrar instantes de poesia a uma lírica cortante que nega a inspiração, e é escrita com o rigor de um poeta crítico. Dessa forma, ele consegue dar lugar à reflexão sobre o fazer exato, questionando alguma liberdade da linha como em seus poemas-estudos, por exemplo[25]. "Estudos para uma Bailadora Andaluza", que aparecerá mais adiante na obra do poeta, introduz a bailadora linha, tanto quanto o ritmo, que parece desafiá-lo: "linear, numa só corda, / em ponto e traço, concisa, / a dicção em preto e branco"[26]. João Cabral escreve, inclusive, textos poéticos de ironia fina, que podem ser percebidos como uma ironia crítica; ao trabalhar com o caráter de jogo da linguagem, segue dizendo a obra e preocupado em dizê-la de forma contundente. Tais são os versos de "Congresso no Polígono das Secas", escritos em ritmo senador e sotaque sulista, onde "– O jeito é mesmo consagrar / cemitério a região"[27], pois que "Assim, há cemitério / que a tudo aqui morto comporte"[28]. Esse poema está em *Dois Parlamentos*, de 1958-1960, e comparece, segundo alguns críticos, como um momento emblemático de sua obra, por conter e reafirmar as questões dramáticas já descritas em *Morte e Vida e Severina*.

João Cabral, que trabalhou com a linguagem "entrecortada, entredentes"[29], às vezes afogado em *nãos*, escreveu poemas que testemunham diversos ângulos de nossa sociedade, em muitas vozes, e que chegam ao requinte, inclusive, de afirmar os absurdos das elites, a(s) autoridade(s) do(s) "sabe quem sou? não sabe?"

Em relação ao processo de fabricação cabralino, comentamos um pouco mais sobre o primeiro livro do poeta, no qual a poética apresenta uma visão de tendência construtivista, de acordo com o crítico Antonio Candido, na época do lançamento do livro. *Pedra do Sono* guarda o papel predominante "dos substantivos exprimindo coisas [...] tendência, vamos dizer, construtivista de sua poesia"[30], e que exibem o projeto de uma parte importante da poética cabralina que virá depois.

---

25 A linha é o verso, a liberdade da linha é o verso que não se preocupa com a métrica, ou seja, o verso livre.
26 *Serial e Antes*, p. 202.
27 Idem, p. 259.
28 Idem, ibidem.
29 S. Uchoa Leite, *Crítica de Ouvido*, p. 90.
30 Antonio Candido, apud M. Peixoto, op. cit., p. 10.

No comentário de Candido, que João Cabral gostou tanto de ouvir, há de fato um traçado que a obra do poeta continuará a percorrer. O aspecto construtivo e a influência de Le Corbusier vão-se fazer de forma incisiva em momentos magníficos de sua escrita, marcada e predominantemente objetiva e visual. Nas ideias de Le Corbusier – pseudônimo de Charles-Edouard Jeanneret-Gris, desenhista, arquiteto e escultor – João Cabral reconhecia os conceitos do cubismo. Dizem que seus amigos escritores estranhavam o seu interesse pelas teorias de um arquiteto. José Castello comenta que João Cabral mantinha uma postura crítica para com as obras arquitetônicas de Le Corbusier e o que fascinava o poeta muito particularmente eram as "imensas mantas conceituais, o poder de teorizar"[31]. João Cabral, várias vezes, disse preferir as teorias do arquiteto às suas obras, pois se interessava pelo rigor na articulação teórica.

Os críticos concordam com o âmbito construtivo e visual da obra cabralina. Mas, em relação à lírica, percebemos que eles utilizam formas diferentes de referi-la. Luiz Costa Lima fala sobre uma "antilírica", João Alexandre Barbosa reconhece um "lirismo de tensões" e Alfredo Bosi encontra em João Cabral "uma nova dimensão do discurso lírico"[32]. A ensaísta Marta Peixoto, em seu estudo sobre a obra do poeta, cita Jonathan Culler para definir uma das convenções que governam a leitura de um poema lírico, pois é preciso lê-lo como "um momento epifânico. Se um objeto ou situação é o centro do poema, isto implica por convenção que é especialmente importante: o correlativo objetivo de uma emoção intensa ou o espaço de um momento de revelação"[33].

Há muitas maneiras de se pensar a obra de um poeta. Do ponto de vista que iremos considerá-la, a partir de agora, vamos privilegiar as tensões que favorecem a luta com a escrita, em que um fazer lúcido, embora ameaçado pelo fácil, ou a vontade de interromper a escrita se mostrem no esforço contínuo do escrever e do escrever difícil. São os blocos arquitetados ou não, é a antilírica ou um lirismo de tensões,

---
31 *João Cabral de Melo Neto: O Homem sem Alma & Diário de Tudo*, p. 52.
32 M. Peixoto, op. cit., p. 13.
33 Idem, ibidem.

são os momentos nos quais a lírica "pisca" epifanicamente, quando o objeto ou uma emoção intensa surpreende o leitor, aguçando-o na leitura. É o movimento da obra e a voz do poema construindo-se.

"Noturno", por exemplo, foi escrito com a métrica livre, e a memória relatando os pensamentos:

> De madrugada, meus pensamentos soltos
> voaram como telegramas
> e nas janelas acesas toda a noite
> o retrato da morta
> fez esforços desesperados para fugir[34].

Nesse poema, João Cabral comparece com cenas epifânicas. Cenas em que sobressai, ao eventual leitor, alguma coisa inesperada. Um desses momentos, por exemplo, dá a conhecer "o retrato da morta" que se esforça para se mover e partir.

A epifania em James Joyce define-se, no texto, como:

uma manifestação súbita, quer na vulgaridade do discurso ou do gesto, ou em uma fase memorável da própria mente. Ele acreditava que cabia ao homem de letras registrar essas epifanias com um cuidado extremo, visto que elas mesmas são os momentos mais delicados e evanescentes"[35].

Ainda podemos relacionar as epifanias com a experiência que um escritor tem como se fosse uma "revelação". Distanciado do texto, o autor faz uso de suspiros ou sussurros, ou mesmo cheiros e tiques, que levam o leitor a conhecer momentos de intimidades. O que aparece é uma linguagem sem palavras, quando muitas vezes os objetos falam, manifestando algo muito íntimo do autor e dizendo de sua "alma". Por vezes, no *Retrato do Artista quando Jovem*, a epifania "objetiva" revela "o brilho fosco dos dublinenses". A acumulação de detalhes, e mesmo qualquer coisa de nefasto ou repetitivo, faz com que a emoção vagueie, e encontre o momento que irrompe e traz em cena um vazio a meia voz ou congelando um silêncio.

---

[34] *Serial e Antes*, p. 6
[35] Irene Hendy Chayes, apud B. S. Pinheiro, Retratura de Joyce, *Revista da Escola Letra Freudiana*, n. 13, p. 113.

Em relação à escolha dos objetos em *Pedra do Sono*, percebemos os que são utilizados por pintores ou poetas surrealistas. O tema foi desenvolvido por Marta Peixoto, os objetos mecânicos citados são: bicicleta, automóvel, telefone, relógio e, escolhidos por João Cabral, foram "associados a animais": "automóveis como peixes cegos", "telefone com asas" etc.[36]

As repetições dos versos que retornam enquanto um recurso de sua poética, em outros momentos de sua obra constatam a construção de uma poética em fios que se entrelaçam. E esse processo de *fazer* e refazer está presente em sua correspondência também, como é usual na obra de um grande escritor.

Dos momentos epifânicos na obra cabralina, recuperamos, nesse primeiro livro, um deles. Momento que consideramos bem próximo do vivido por James Joyce em seu *Retrato do Artista quando Jovem*. Os grifos, abaixo, são nossos. Em Joyce:

25 de março, de manhã – Uma noite agitada de sonhos. Quero tirá-los de meu peito.
Uma galeria longa e curva. *Do soalho erguem-se colunas de vapores escuros. Está povoada de imagens de reis fabulosos, esculpidos em pedra.* Suas mãos estão entrelaçadas sobre os joelhos em sinal de cansaço e seus olhos estão escurecidos, pois os erros dos homens se erguem diante deles para sempre como vapores escuros[37].

O artista aqui, que "vê" o objeto, é o mesmo que se apressa a escrever a sua emoção, retendo apenas uma parte ínfima do real. Retomamos em João Cabral, os primeiros versos de "Noturno" onde a imagem nublada na memória faz arder a paisagem de repente:

O mar soprava sinos
os sinos secavam as flores
as flores eram cabeças de santos.
Minha memória cheia de palavras
meus pensamentos procurando fantasmas
meus pesadelos atrasados de muitas noites[38].

---

36 Op. cit., p. 22.
37 Joyce, apud Helena Cixous, A Doutrina da Epifania e seu Contexto, *Revista da Escola Letra Freudiana*, n. 13, p. 140-141.
38 Noturno, op. cit., p. 5.

O silencioso prazer estético aqui configurado guarda algo da imaginação do poeta. A imagem apreendida carrega uma suspensão. E avança, fazendo crer que é visível e ao mesmo tempo audível. Sentimos que é "uma coisa" e, de acordo com o que assimilamos com Joyce, percebemos essa apreensão, pois contornamos esse objeto no tempo e no espaço. Ou seja, como se as flores secas, tanto quanto os santos, fossem uma única coisa na memória. Algo que pulsa e carrega imagens e vultos. Uma forma de dizer o que a lírica abriga e que acende a cena epifânica.

PSICOLOGIA DA COMPOSIÇÃO COM A FÁBULA DE ANFION E ANTIODE: NA TRILHA DO SILÊNCIO E DA MATERIALIDADE

O processo de fabricação dos poemas cabralinos, com *Psicologia da Composição* (1947), inclui a "Fábula de Anfion" e "Antiode", além do poema-título. E são todos poemas sobre poesia, com momentos de meditação sobre o *fazer* poético, e seus limites (racionais) no ato da composição. Interessante pensar o título carregando a palavra "psicologia", supostamente aqui inserida para pensar a forma da composição ou seus mecanismos, embora Benedito Nunes tenha encontrado, no livro-poema, motivo suficiente para considerá-lo "uma psicanálise do poema" com "imagens materiais mais pegadas ao chão da linguagem"[39]. Talvez, o intuito do ensaísta seja o de destacar o fato de que o trabalho é com as questões da linguagem e provavelmente com o que a psicanálise, e não a psicologia, estuda e teoriza para pensar as noções do sujeito e da língua, que compõem o que vai ser teorizado no "chão da linguagem". A questão que Benedito Nunes privilegia diz respeito ao aspecto de João Cabral nomear-se poeta crítico. Como tal, ele depura a linguagem até "neutralizar nela o sujeito como EU"[40], e nega a *poesia dita profunda*, escolhendo a superfície rude e popular na semântica, pois investe em imagens mais próximas ao nomeado chão da linguagem (o espesso, o podre, o sujo), imagens mais prosaicas.

---

39 B. Nunes, *Colóquio/Letras*, n. 157/158, p. 37.
40 Idem, ibidem.

João Cabral, em carta sem data a Clarice Lispector, afirma, referindo-se a *Psicologia da Composição* com a "Fábula de Anfion" e "Antiode" (1946-1947): "é um livro que nasceu de fora para dentro"[41]. De fato, esse foi um livro que lhe exigiu muito, e depois o deixou sem escrever por três anos. João Cabral, em sua teia de escrita, fez o trabalho juntando o material à sua volta, e seguiu perseguindo a feitura do livro, compondo-o a partir de um planejamento e um esboço antes traçado, dedicadamente pensado, e estudado. São poemas difíceis, e bastante estudados pelos críticos de sua obra. Luiz Costa Lima diz que este período da obra do poeta coloca-o diante de um impasse: escrever poesia ou não escrever mais nada. O escritor "sabe o que não fazer – a flauta jogada fora – porém, daí não se extrai diretamente a linha fecunda"[42]. Na entrevista concedida a Fábio Freixeiro, muitos anos depois da escrita desses poemas, João Cabral confirma que escrevia seu último livro, pois "não desejava escrever mais nada. [...] Anfion vai para o deserto porque acha que criar é uma doença: lá não seria obrigado a criar; mas acaba criando sem querer"[43].

Chegar ao deserto e respirar o deserto é uma tarefa que Anfion, em a "Fábula de Anfion", conhece. A missão é buscar experimentar o espaço do poema e escrever. Privando-se, pois, no deserto (ou na folha em branco), e ao longo dos três momentos do poema, é possível procurar e vivenciar o silêncio.

Anfion, de acordo com a mitologia grega, é filho de Júpiter e Antípoda, rainha de Tebas. Conta-se que ele era dotado para a música, criado entre pastores, e que recebeu uma lira de Apolo. Ao som dessa lira, construiu a muralha de Tebas, onde as pedras iam-se colocando umas sobre as outras sem qualquer esforço físico. As pedras, sensíveis à melodia de sua lira, acomodavam-se.

A fábula de João Cabral pode ser lida como uma paródia do *Amphion* de Valéry, em um trabalho metalinguístico[44]. Na "Fábula de Anfion", João Cabral desconstrói um ideal de poesia

---

41 C. Lispector, *Correspondências*, p. 180.
42 L. Costa Lima, *Lira e Antilira*, p. 281.
43 F. Freixeiro apud M. Peixoto, op. cit., p. 54.
44 Lembramos que Valéry e João Cabral eram afins, seja no pensamento poético seja no projeto de construção do verso palavra por palavra. O poeta francês deseja aliar à palavra a música, e João Cabral busca um ideal valeryano, mas tentando escapar da musicalidade.

pura, e substitui a lira por uma flauta. O poeta escreveu o seu mito na associação com a pedra-palavra possivelmente, seu objeto de construção dos poemas:

1. O Deserto

[...]
Anfion, entre pedras
como frutos esquecidos
que não quiseram

Anfion
chega ao
deserto

amadurecer, Anfion,
como se preciso círculo
estivesse riscando

na areia, gesto puro
de resíduos, respira
o deserto, Anfion[45].

No primeiro momento, Anfion está "entre pedras" e com "sua flauta seca". Dessa forma, tem a mudez assegurada, pois "se a flauta seca: / será de mudo cimento, / não será um búzio"[46], ou seja, a sonoridade desaparecerá, dando lugar ao silêncio. Modesto Carone reconhece no silêncio de João Cabral uma poética que, no espaço estrito de privações, estende a paisagem de silêncios inserida na obra. O que ele localiza como um lugar estratégico está em *Psicologia da Composição com a Fábula de Anfion e Antiode*[47]. Esses poemas indagam impasses de sua obra e também da obra de seus contemporâneos. Alguns momentos desses versos são vividos de tal forma que o poeta parece construir, devagar, uma passagem que atravessa "a paisagem do seu vocabulário" até encontrar a mudez; o "mudo cimento"[48]: o próprio objeto de construção dessa poética, algo duro e sólido em sua materialidade.

No tempo da criação do segundo momento do poema, o encontro é com o acaso, e o deserto se mostra entre os "esque-

---

45 *Serial e Antes*, p. 53.
46 Idem, p. 55.
47 M. Carone. *A Poética do Silêncio*, p. 86-87.
48 O que vai ser nomeado pelo ensaísta como uma "severa lição de emudecimento", idem, p. 89.

letos do antigo / vocabulário, Anfion" apertado "de todo canto, / em silêncio, silêncio" e "lavado de todo canto." É justo aí que o "acaso" surpreende:

Ó acaso, raro
animal, força
de cavalo, cabeça
que ninguém viu;
ó acaso, vespa
oculta nas vagas
dobras da alva
distração; inseto
vencendo o silêncio
como um camelo
sobrevive à sede,
ó acaso! O acaso
súbito condensou:
em esfinge, na
cachorra de esfinge
que lhe mordia
a mão escassa;
que lhe roía
o osso antigo
logo florescido
da flauta extinta:
áridas do exercício
puro do nada[49].

*O acaso ataca
e faz soar
a flauta*

O poeta esclarece nos versos o que faz soar "a flauta" em alguns momentos: o acaso. E, nomeando esse acaso como animal, cavalo, vespa ou inseto, consegue transmitir o que "ataca" a mão que escreve. Esta mão que causa incômodo e que se move a escrever, e que é a mesma que faz soar a flauta do verso nas dobras da distração.

Na trajetória final dessa "Fábula", a personagem encontra o "avesso" da cidade construída: o deserto. O deslocamento da escrita do poeta converte-se em uma forma de espiral, "um projeto de espiral"[50], podendo ser também interpretado como em dança com a linguagem, buscando a saída para

---

49 Op. cit., p. 56.
50 M. Carone, op. cit., p. 85.

o alto, no silêncio e na figura mítica de Anfion, mas não sem fazer uso da materialidade do *esqueleto vocabulário*. É que os versos do poema conjugam um vaivém que atravessa o texto, fazendo valer esse vocabulário (esqueleto) com as palavras-pedras (deserto, pedra, cimento, osso, tijolo, muro, laje), que fixam pontos de silêncio, e que são opostos aos vocabulários musicais e líricos (flauta, som, vento, ondas, concha):

[...] *Anfion e*
"Uma flauta: como prever *a flauta*
suas modulações,
cavalo solto e louco?

Como traçar suas ondas
antecipadamente, como faz,
no tempo, o mar?

A flauta, eu a joguei
aos peixes surdos-
mudos do mar."[51]

Dentro da modulação dos versos, em que a busca é justamente por secar a linguagem, se estabelece a singularidade dessa poética. Na construção de alguns poemas, e esse é um deles, o poeta faz o trabalho com o idioma ("nordestino") que está sendo construído, tensionando a linguagem poético-musical.

João Cabral-Anfion *e a Música Silenciada*

Cabral-Anfion, nesse itinerário de deserto, calcula seu percurso a sol a pino por meio de "sua flauta seca", e nós (leitores), podemos senti-la secando. O poeta pondera as razões de silenciar a música das palavras nos versos e assim constrói, de acordo com esses princípios (antilíricos e antimusicais), sua poética em exercício. Ao final, como não encontra saída, atira a flauta aos peixes "surdos-mudos do mar".

51 Op. cit., p. 59.

João Cabral já havia declarado, em entrevista, que preferia as palavras concretas, por serem mais sensoriais que as abstratas, e que essas palavras chegavam mais perto do leitor. A trilha desse poema pode parecer ser apenas a da busca do silêncio, mas entendemos que há também uma procura da materialidade, já que ambos os aspectos estão em relevância no caminho de Anfion-João Cabral. Escapar da escrita e ficar em silêncio não se mostra uma solução, e o poema propõe o abandono do lirismo para afirmar a poética árida cabralina.

No *Amphion* de Valéry, a trajetória o leva a ficar com a lira até a morte, e no "Anfion" cabralino, o poeta lança a flauta ao mar. De certa forma, João Cabral se despede do modelo poético sacralizado e, justamente por essa razão, podemos considerar este poema uma paródia.

Já no poema, "Psicologia da Composição", entendemos que o poeta está, de fato, traduzindo a sua angústia com a escrita, buscando escapar ao fácil e procurando desabrochar o denso. Vejamos os primeiros momentos do poema:

I

Saio do meu poema
como quem lava as mãos.

Algumas conchas tornaram-se,
que o sol da atenção
cristalizou; alguma palavra
que desabrochei, como a um pássaro.

Talvez alguma concha
dessas (ou pássaro) lembre,
côncava, o corpo do gesto
extinto que o ar já preencheu;

talvez, como a camisa
vazia, que despi[52].

No gesto expresso dos dois primeiros versos, percebe-se a apreensão do movimento de finalizar a escrita: a entrega de uma

---

52 *Serial e Antes*, p. 60

obra "como quem lava as mãos". As palavras simples conseguem traduzir João Cabral, e rememoram não apenas o movimento do corpo, mas "o corpo do gesto", algo bem mais sutil. Desabrocham no vazio, "talvez, como a camisa / vazia, que despi". Estabelecem um lugar "vazio", experimentado pelo poeta após a feitura do poema. Ao mesmo tempo, transparece um espaço que é sentido tão perto do corpo, no corpo a corpo da feitura do poema. Os versos mostram o rigor de uma escrita lúcida dentro de um universo de imagens que se configuram com palavras densas, mas que podem também "virar cinza" e restos.

III

Neste papel
pode teu sal
virar cinza;

pode o limão
virar pedra;
o sol da pele,
o trigo do corpo
virar cinza

(Teme, por isso,
a jovem manhã
sobre as flores
da véspera.)[53]

Modesto Carone identifica em João Cabral algo que depois encontrou na escrita do poeta de língua alemã Paul Celan. O impasse da escrita cabralina, o seu silêncio, foi considerado por Carone como próximo da meta de Celan, e parte de seu programa poético. São as cinzas e os restos, significantes da poética celaniana, que se apresentam na escrita cabralina e que testemunham inclusive o seu *lavoro* em direção ao nada. Entre o falar e o calar, se faz notar a luta que essas duas poéticas empreendem ao se escreverem.

Carone chega a encontrar em João Cabral, na busca pelo silêncio, tão bem colocado pelo poeta em luta com a mudez na

[53] Idem, p. 61.

"Fábula de Anfion", as "bases de uma poética negativa". Nossa leitura vai encontrar, na "Fábula", a tentativa de João Cabral de levar a linguagem a um limite. Talvez mesmo a constatação de que o momento de construção de um poema tem suas exigências. O silêncio faz parte desse momento de buscar apurar a língua, e trabalhar para fazê-la "andar para frente", pois é momento também de solidão da obra. A negatividade pode vir a ser um instrumento da poética, e deste instrumento enquanto recurso nós iremos falar mais adiante.

Continuemos, então, a observar o poema "Psicologia da Composição", na parte VII, em que encontramos João Cabral afirmando o que é mineral para chegar à "severa forma do vazio":

VII

É mineral o papel
onde escrever
o verso; o verso
que é possível não fazer.

[...]

É mineral
a linha do horizonte,
nossos nomes, essas coisas
feitas de palavras.

É mineral, por fim,
qualquer livro:
que é mineral a palavra
escrita, a fria natureza

da palavra escrita[54].

Na escrita mineral, escrever o verso é "Cultivar o deserto", e buscar o pomar "às avessas". No poema, há dois desertos, um mais produtivo onde a palavra (semente) destila "palavras maduras", e outro, que se define na fome e na palavra que já foi dita, e deixou apenas a forma do vazio em seu lugar. É sabido

---

54 Idem, p. 64.

que o deserto do Nordeste não é só a seca e a fome. Há vida e formas ardidas de encontrar a vida, conforme afirmam os que habitam aquelas paragens. O poema exerce essa tensão, fazendo a relação da *palavra mineral* com esse pomar, onde a palavra escrita na linha do horizonte pode perpetuar as coisas.

A Flor Escrita ao Avesso

Já no poema "Antiode" com o subtítulo, "(contra a poesia dita profunda)", que é desdobrado em cinco segmentos, de A a E, de quatro a nove quadras cada um, os versos se movem com o pensamento crítico do poeta buscando desmontar a "flor" do lugar emblemático que ocupa na poesia, para encontrar uma posição realista e sem aura. A flor cabralina é escrita no sentido negativo, e busca escapar da "poesia dita profunda". Na estratégia de rebater o profundo, o poeta prefere se valer das impurezas do texto: impureza enquanto "*contingência textual*"[55] e originária da letra. A ideia é do poeta Antonio Carlos Secchin e sinaliza um risco aceito por João Cabral de ir ao encontro da palavra *flor* já tão "batida", para revitalizá-la. Sim, o trabalho opera com metáforas orgânicas e, no exercício de sua prática, faz a "sua metamorfose mineral em signo escrito"[56].

Um poema, então, que "propõe semelhanças entre a poesia e a flor"[57], reconhecendo "a metáfora empregada, na poesia moderna, por Baudelaire, Mallarmé e outros"[58]. No caso de João Cabral, a metáfora já comparece no primeiro livro, *Pedra do Sono*; implícita nos "jardins enfurecidos", e tem não somente o valor positivo como o negativo. Benedito Nunes reconheceu, logo na primeira quadra do poema, a antecipação da conclusão:

> Poesia, te escrevia:
> flor! conhecendo
> que és fezes. Fezes
> como qualquer,[59]

---

55 A. C. Secchin, *João Cabral: A Poesia do Menos*, p. 67.
56 Idem, p. 69.
57 M. Peixoto. op. cit., p. 75.
58 Idem, p. 76
59 Antiode, p. 65.

Mas aqui pensamos que a espécie estranha, a "espécie extinta de flor", coopera no poema, criando com o seu movimento e repetição de palavra-coisa o "pudor de flor". A afirmação exclamativa do verso da parte B do poema refaz o que ainda é lícito: "te chamar: flor!"

João Cabral quase nos engana nesse movimento rítmico. Conhecedor do *acaso*, e buscando escapar dele, o poeta se vale, no plano dessa escrita, de despetalar a *poema-flor*[60]. Percebemos que o vocábulo vai e vem no texto, tantas vezes, que parece estar sendo escrito, aos poucos, em pinceladas de caneta. A construção dessa poética mineral transforma, compõe e decompõe o seu objeto. No caso específico da *poema-flor*, o poeta faz a crítica, utiliza o vocábulo extremo da decomposição: fezes, estrume, e vai além, pois é dali que retorna à flor:

D

Poesia, não será esse
o sentido em que
ainda te escrevo:
flor! (Te escrevo:

flor! Não *uma*
flor, nem aquela
flor-virtude – em
disfarçados urinóis.)[61]

A poesia matéria "flor, verso inscrito / no verso, como as / manhãs no tempo" (ainda na seção D do poema) compõe, no salto "da ave para o vôo", um movimento impossível como se fosse o inverso do movimento. Ao leitor que se põe a trabalhar na máquina do poema, surge logo depois a explosão (surpresa) na jarra de flores = máquina "posta a funcionar, / como uma máquina, / uma jarra de flores" *pintada* na cena escritural.

---

60 M. Peixoto, op. cit., p. 75-78. Através dessa imagem, a ensaísta se dedica a buscar o sentido da flor na poética cabralina. Podemos ressaltar que esse poema opera recuperando a matéria, as fezes, o decomposto.
61 Op. cit.,p. 68.

No exercício poético-crítico, encontramos, na seção E desse poema, a raiz de sua poética (mineral). Um lugar fora do ideal poético de então, e destituído de peso, transformado e trabalhado com palavras impossíveis. O destaque em negrito nos versos é nosso:

> Poesia, te escrevo
> agora: fezes, as
> fezes vivas que és.
> Sei que outras
>
> palavras és, **palavras
> impossíveis de poema.**
> Te escrevo, por isso,
> fezes, palavra leve,[62]

Blanchot, no texto crítico "O Mito de Mallarmé", do livro *A Parte do Fogo*, retoma a palavra "flor" para precisar a posição de Mallarmé; a de que o poeta escreve em um "estado que não pede nada ao saber"[63]. E confirma, assim, que a palavra não se contenta em nomear um objeto. Ele nos declara que quando "eu digo: uma flor!", por exemplo, na ideia se ergue a ausência de todos os buquês, pois a palavra afasta o objeto, e na recordação só podemos encontrar a *ausência de flor*: "objeto emudecido". Tanto é assim que: "o fino envelope da palavra usual cede à pressão da coisa que ela designa; como é costumeira, ela se desvanece assim que é pronunciada"[64]. De fato, se apagamos "momentaneamente a flor", como nos lembra Blanchot, em uma transição de sentido, podemos até perceber outra coisa. Mas, aqui, João Cabral propõe algo mais. Ele incorpora uma radicalidade de coisa putrefata, e nos oferta não a flor, mas o estrume: coisa decomposta. Como se estivesse pintando a natureza e a vida em sua sina. O poeta trabalha com a linguagem nesse caminho, que vai em direção ao impossível.

---

62 Op. cit., p. 69.
63 M. Blanchot, *A Parte do Fogo*, p. 37.
64 Idem, p. 38.

A EXPERIÊNCIA COM A MÁQUINA MINERVA*

Dentro dessa perspectiva de pensar *o processo de fabricação* da obra de João Cabral, e não apenas de seus versos, não podemos deixar de incluir a tarefa do poeta como impressor de livros de poesia. O poeta trabalhou com a impressora Minerva que adquiriu em 1947, em Barcelona, conjugando o gosto pelos livros e a necessidade de se exercitar. Ao longo de alguns anos, ele imprimiu livros como editor, em um cômodo anexo ao quarto do casal, no trabalho que nomeou como "ginástica poética"[65].

Numa carta sem data, possivelmente escrita em 1947, João Cabral comenta a alegria e o interesse de Bandeira pelo selo O Livro Inconsútil[66]. Na delicadeza do gesto amigo, o poeta explica a Manuel Bandeira que está imprimindo seu próprio livro, *Psicologia da Composição*, antes do livro do amigo, porque está "apanhando" muito da impressora neste novo ofício:

> Depois que lhe escrevi minha última carta comecei o trabalho de "impressão", propriamente para mim o mais difícil, dado o rudimentar de minha prensa. Devo dizer que comecei apanhando, e tanto, que pensei em desistir. Estraguei não sei quantas folhas sem obter a perfeição desejada. Retirei, assim, suas páginas da prensa e compus, às pressas, as primeiras da minha *Psicologia da Composição*, poemas que não queria publicar já[67].

Ainda no calor da amizade, e bastante à vontade, o final da carta apresenta uma surpresa: "– Como os antigos impressores que colocavam 'Impressor de S. Majestade', eu deveria botar nas minhas portadas: 'impressor com privilégio de Manuel Bandeira, amigo do Rei (ou reis)'"[68].

Na referência a Bandeira no poema "Vou-me Embora pra Pasárgada", de *Libertinagem*, o comentário jocoso faz alusão ao

---

* "A Minerva foi uma imprensa ou máquina de Platina amplamente utilizada no Brasil", cf. Margareth Meza, *Tecnologia Gráfica*, ed. 61, disponível em <www.revistatecnologiagrafica.com.br,>, acesso em 2.11.2009.
65 J. Castello, *João Cabral de Melo Neto: O Homem sem Alma...*, p. 81.
66 Produzido na oficina tipográfica montada em sua casa de Barcelona. O nome alude ao fato de os livros não serem costurados.
67 F. Süssekind (org.), *Correspondência de Cabral com Bandeira e Drummond*, p. 52.
68 Idem, p. 53.

verso repetido no poema: "– Lá sou amigo do rei –". O detalhe do travessão, aqui na carta também está destacado. Confirma-se a atenção com a materialidade dessa escrita, onde a pontuação e os sinais gráficos importam. Na carta em resposta a esta, Bandeira lhe envia alguns poemas, entre eles "O Bicho", feito de um fato do cotidiano. Na correspondência, escrita de Petrópolis, Bandeira, em pleno verão de 1948, avisa que está à espera do *Mafuá*, sinalizando que o trabalho de João Cabral era aguardado com curiosidade.

Sobre a questão das imperfeições nas impressões dos livros feitos por João Cabral, questões em que também se destacam o olhar autocrítico do poeta, encontramos o comentário abaixo, inserido na carta de 29.2.1948, de Bandeira:

A mim as pequeninas imperfeições deste *opus* 1 não desagradam, antes aumentam o meu prazer: dão ao trabalho da matéria aquele calor da mão humana, não sei que estremecimento de emoção, aquela delícia das coisas imperfeitas de que falou o Eça. Está comovedoramente lindo. E gostarei que o meu *Mafuá* saia com esta inefável perfeição, que é a mesma do brilho vacilante do Setestrelo[69]. Como vê, estou até ficando lírico...[70]

Do documento escrito de Barcelona, ao poeta amigo Manuel Bandeira, em 4.9.1947, recolhemos: "Isso é um pouco mania, um pouco coisa de pernambucano (exemplo de José Maria), um pouco de falta do que fazer e algum tanto de recomendação médica: preocupar-me e ocupar-me com coisas mais físicas etc"[71]. Com essa expressão "coisa de pernambucano", João Cabral esclarece para Bandeira a razão da compra da impressora que o ocuparia no trabalho como editor de livros de poesia. O que ele não consegue perceber é que, com o ato de comprar a impressora para uso doméstico, experimentava algo

---

69 Segundo nota de F. Süssekind: "trata-se da designação popular para as Plêiades, sete estrelas, visíveis a olho nu, da constelação de Touro, cujo nome alude à história mitológica das sete filhas de Atlas que, diante dos sofrimentos paternos, se matam e são transformadas em estrelas", idem, p. 73. Mas, sabe-se também que, na Antiguidade, deu-se o nome de plêiade aos sete poetas que viveram no reinado de Ptolomeu Filadelfo. João Cabral havia escolhido como símbolo de suas edições do selo O Livro Inconsútil o Setestrelo.
70 Idem, p. 63.
71 Idem, p. 32.

mais. Algo que o colocava em uma experiência única enquanto poeta: a experiência com a máquina.

O nome de José Maria, que era professor de História da Arte na Escola de Belas Artes de Pernambuco, é lembrado no comentário entre pernambucanos, pois Bandeira vai fazer referência a ele, chamando-o de "Boca Mole". "Quem é o Boca Mole, é o Zé Maria de Pernambuco, não?", questiona João Cabral em carta de 5 de novembro de 1951. Além do mais, o pernambucano "Boca Mole" teria tido também essa experiência de fazer livros. José Maria encarna aqui o clima fraterno das cartas entre esses dois poetas, depois da temporada carioca de João Cabral, na década de 1940, quando foram feitas visitas frequentes a Bandeira, e as conversas giravam principalmente sobre histórias de família, "causos" e coisas pernambucanas.

O trabalho de João Cabral com a impressora havia sido uma indicação médica. E a recomendação, transcrita nessa carta de 1947 a Bandeira, mostra o relato da falta do que fazer, e destaca a preocupação: "preocupar-me e ocupar-me com coisas mais 'físicas' etc." No caso, confirma-se a negociação fechada pelo poeta na compra de *plaquettes*[72] de luxo, para editar livros de pequenas tiragens. A questão, de fato, nos leva a percebê-lo pensando ao mesmo tempo o livro e o projeto do livro: o objeto-livro. Uma in-corpo-(r)ação de cuidado e de contato com a letra, o detalhe, o objeto, a materialidade, ao exercitar-se com a própria máquina – a impressora. A carta está datada:

Barcelona, 5.XI.47:
Prezado Manuel,
Recebi ontem sua carta. Muito obrigado pela confiança que v. depositou no tipógrafo [...]. Esta prova de portada que lhe mando está um pouco borrada e suja justamente por isso: tirei-a, calcando os tipos com o livro. Coisa pré-gutenberguiana. Espero que, apesar de tudo, sirva para lhe dar uma ideia do corte da letra[73].

A pequena "editora" doméstica de João Cabral, editora de poesia, logo que começa a funcionar corre o risco de não con-

---

72 Em português: plaquete ou plaqueta. Livro pouco extenso e de aspecto gráfico apurado. João Cabral, no entanto, utilizava o termo em referência às placas de metal que adquiria para sua máquina.
73 F. Süssekind, op.cit., p. 44-45.

seguir continuar funcionando, por falta de textos. O problema, que é também compartilhado com Bandeira no final dessa carta, remete o leitor ao "gesto largo, lento, de estender o braço jogando a semente no chão, e que a gente vê em certos quadros de semeadores"[74]. Escreve João Cabral:

> A coisa não é tão fácil, porque preciso dar a entender o que há de lentidão, de *temple*[75], num bom *pase*[76] natural. A imagem me parece justa; formidável, a mim que conheço o passe natural. Mas a uma pessoa que não o conhece não estabelecerá a relação com o gesto largo, lento [...] Porque há uma infinidade de gestos de semear[77].

A imagem destaca do gesto de semear, nesse ato, algo do ato da escrita. Do movimento de uma tourada – e a cena aqui descrita fala do toureiro Manolete, que tanto encantou o poeta – em que se apreende o gesto largo de abrir o braço no espaço à passagem do touro, na semelhança com o gesto de semear, de plantar, jogando as sementes no solo. Ele mesmo conta: "Faz hoje uma semana que um miúra matou Manolete, considerado o melhor toureiro que já aparecera até hoje"[78]. João Cabral observava, e associava o fato, fazendo uma estranha relação: a do toureiro espanhol Manolete com o poeta francês Paul Valéry, que nos movimentos da escrita e nos cortes de contenção, a seu ver, se aproximavam "com mão certa, pouca e extrema"[79].

João Cabral, no poema "A Paul Valéry", do livro *O Engenheiro*, esclarece o *projeto engenheiro* do poeta Valéry, e mostra as fases desse projeto: as suas conhecidas e nomeadas "ideias fixas" (termo emprestado de Valéry). E ressalta a expressão contida e meditada, de quem vai aprendendo o caminho desse trabalho, dando passos e fazendo cortes através da linguagem poética:

---

[74] Idem, p. 34.
[75] Arrojo. Cf. idem, p. 38, nota.
[76] "Cada uma das vezes em que o toureiro, depois de atrair o touro para perto, deixa que ele passe sem tentar cravar-lhe a espada". Cf. idem, p. 38, nota.
[77] Idem, p. 34.
[78] A carta escrita à mão foi xerocada na Casa de Rui Barbosa em maio de 2000, para compor a pesquisa deste trabalho realizada na época com a correspondência do poeta.
[79] Alguns Toureiros, *Serial e Antes*, p. 132.

Doce tranquilidade
do pensamento da pedra,
sem fuga, evaporação,
febre, vertigem.[80]

Na dedicação e no árduo trabalho de escrever, o poeta sinaliza também o silêncio do pensamento; momento de pedra, "sem fuga" e "nem vertigem". Modesto Carone já havia afirmado que João Cabral usa a "pedra" como *metáfora recorrente*, mas, ao longo da escrita, transforma-a metalinguisticamente, sugerindo que a palavra passeia. A pedra e seus derivados ou afins: caroço, osso, casco, minério, cimento, tijolo, cristal, hulha – em uma trilha pedregosa – compareçem no endurecimento da vida ou na própria dor severina. Tanto quanto *a cabra*, eles podem se tornar, ou são capazes de ser, pedra: "A cabra deu ao nordestino / esse esqueleto mais de dentro: / o *aço do osso,* que resiste"[81].

As vinte palavras, sempre as mesmas, colocadas no papel, são consideradas seu percurso, ou melhor, o percurso de sua escrita. Marta Peixoto esclarece sobre as ideias fixas cabralinas o fato de que "a utilização de poucas palavras facilita a vigilância e a manipulação"[82] no trabalho de escrever. Assim, "o poeta torna-se capaz de conhecer intimamente as palavras por ele escolhidas, e pode então compor 'a máquina útil' do poema [...] Esta mesma metáfora comparando o poema à máquiné utilizada por Valéry: 'um poema é, na verdade, uma espécie de máquina que serve para produzir uma disposição poética através de palavras"[83]. Para ele, "é a execução do poema que é o poema. Fora dela, essas sequências de palavras curiosamente reunidas são fabricações inexplicáveis"[84].

As vinte palavras, que João Cabral recolhe nas suas águas salgadas, sugerem um caminho onde a busca é de lucidez e de construção. Mas sabemos que o sujeito está implicado com as questões de sua poética, construindo na linguagem o seu objeto,

---

80 Idem, p. 48.
81 Poema(s) da Cabra, idem, p. 244.
82 Op. cit., p. 42.
83 P. Valéry, apud M. Peixoto, op. cit., p. 42.
84 Primeira Aula do Curso de Poética, op. cit., p. 186.

o seu idioma pétreo. No poema "A Lição de Poesia", na parte 3, lemos:

> E as vinte palavras recolhidas
> nas águas salgadas do poeta
> e de que se servirá o poeta
> em sua máquina útil.
>
> Vinte palavras sempre as mesmas
> de que conhece o funcionamento,
> a evaporação, a densidade
> menor que a do ar[85].

São as "vinte palavras sempre as mesmas" que podemos arrolar: pedra, cabra, deserto, faca, seca, lama, rio, água, sol, corpo, cemitério, caatinga, morte, dente, osso, fome, mar, engenho, cana-de-açúcar, sertão. Nesta lista de palavras-objeto, que vão ser trabalhadas na tensão do verso, João Cabral ainda desvenda as paisagens de Recife e Sevilha – cidades de sua poética.

Semear letras e poetar, em gesto de obstinação solitária, leva o poeta ao ato de fazer livros, construindo-os com as mãos; os livros próprios e alguns outros selecionados, um a um. Chegando a imprimir catorze trabalhos[86]. Essa experiência de fabricar livros é uma particularidade na vida de João Cabral, um poeta que se interessou com prazer por este ofício: "Comprei alguns 'galvanos' com essas vinhetas antigas a meu ver saborosíssimas. Sou contra livros e capas ilustradas, e tanto quanto possível, pelo 'livro puro'"[87].

---

85 *O Engenheiro*, p. 44.
86 As obras impressas sob o selo O Livro Inconsútil são: João Cabral de Melo Neto, *Psicologia da Composição*, 1947; Manuel Bandeira, *Mafuá do Malungo*, 1948; Charles Baudelaire, *Cores, Perfumes e Sons*, 1948; Joaquim Cardozo, *Pequena Antologia Pernambucana*,1948; Lêdo Ivo, *Acontecimento do Soneto*, 1948; Alfonso Pintó, *Corazon en la Tierra*, 1948; Juan Ruiz Calonja, *Alma a la Luna*, 1948; João Cabral de Melo Neto, *O Cão sem Plumas*, 1950; Joan Brossa, *Sonets de Caruixa*, 1950; Vinicius de Moraes, *Pátria Minha*, 1949. Além dessas obras, ainda editou: o livro *O Marinheiro e a Noiva*, de Joel Silveira (1953); Juan Eduardo Cirlot, *El Poeta Conmemorativo*, [s.d.]; *Antologia de Poetas Brasileños*, de Alfonso Pintó, [s.d.]; e, com Alberto de Serpa, a revista trimestral *O Cavalo de Todas as Cores*, (1950). Ver *Cadernos de Literatura Brasileira: João Cabral de Melo Neto*, p. 22.
87 Carta escrita a Manuel Bandeira, em 5.11.47, em F. Süssekind, op. cit., p. 44.

Antes, ainda, encontramos a afirmação do poeta, datada de Barcelona em 5.11.1947: "Por me sair mais barato, eu mesmo publicarei meu livro, mas darei como se fosse obra de outro impressor"[88]. O fato causa algum estranhamento ao leitor, mas não de todo, pois é sabida a luta que os poetas travam para conseguir publicar seus primeiros livros.

Em carta escrita para Clarice Lispector (sem data), mas possivelmente datada do final de 1948, João Cabral relata os primeiros momentos com a impressora e comenta sobre o papel da portada de um próximo livro de poemas. Ele diz:

> Não posso negar que essas portadas cheias de palavras me agradam pelo seu ar antigo, de livro do século XVII e XVIII. O título geral do livro ia ser "Psicologia da Composição", nome de uma das partes. Mas depois me veio algum impulso mais antigo de mouro e compus a portada com o anúncio completo de toda minha pobre mercadoria[89].

Mais adiante, faz um relato gostoso e detalhado de seu prazer com a experiência de impressor: "Custei a acertar a mão e para que o livro do Manuel, que estava na máquina, não fosse prejudicado, coloquei o meu. Você verá, quando o receber, alguns defeitos de impressão"[90]. E termina por afirmar "a mais difícil de todas as tarefas"[91] que é conseguir fazer uma boa impressão. Sobre essa mesma questão, explicando, em confiança, a Clarice Lispector como constrói seus livros, João Cabral afirma: "Quero dizer que primeiro o planejei, abstratamente, procurando depois, nos dicionários, aqui e ali, com que encher tal esboço"[92].

Sempre se lançando em experiências – aqui à experiência com a impressora de livros – o poeta *construtor de livros* João Cabral sinaliza e sistematiza uma poética singular. A busca sugere a importância da forma e da superfície do poema, que participam deste *fazer* engenheiro, além do ritmo nos movimentos cadenciados que a prensa lhe exigia. João Cabral, na

---

88   Idem, p. 45.
89   C. Lispector, *Correspondências*, p. 180.
90   Idem, ibidem.
91   Idem, p. 182.
92   Idem, ibidem.

atividade que planeja, constrói até os próprios livros enquanto artefatos. Desde esse tempo, como impressor dos próprios livros, e de livros de amigos e/ou poetas desconhecidos, o poeta confere à sua aprendizagem um teor material. E diremos, inclusive, marcado pelo manuseio do trabalho no toque ao papel e à tinta. Nesse sentido, aproxima-se do artista que precisa "sentir" o toque e o cheiro do que fabrica. No caso de João Cabral, os *objetos-livros,* além dos próprios poemas.

Nesse fazer, sempre "de fora para dentro", e a pretexto de exercitar-se fisicamente, o poeta experimenta mesmo algo único. Como um "engenheiro", ele construía e conhecia sua matéria, seu engenho. Em carta a Bandeira, sem data, lemos:

> Pensei que fosse fácil imprimir e, só agora que o estou fazendo aceitavelmente, compreendo que fiz mal em lhe pedir, tão cedo, seu livro. À custa dele (e v. poderá ver o que digo no curso das páginas) é que aprendi a imprimir – o que não está direito nem é decente. Espero, contudo, que v. não rompa relações com o editor[93].

João Cabral, enquanto editor tem, nesse momento de trabalho, com a edição de *Mafuá,* de Manuel Bandeira, um complicador para a execução do livro, pois, por não ter experiência, havia escolhido um papel duro e difícil de manusear. É um papel de luxo da marca Guarro, que lhe exige cuidados especiais. Percebemos os passos do poeta, na experiência com a máquina, nessa já nomeada difícil tarefa de imprimir os livros, ainda e sempre escolhendo o mais trabalhoso.

Na correspondência de João Cabral com Clarice Lispector, encontramos alguns comentários sobre a tipografia e um gozo declarado no ato de fazer livros: os *objetos-livros.* Na carta escrita de Barcelona, em 8.7.1948, lemos: "A tipografia continua me absorvendo. Gosto por ela ou fuga do desagradável ato de escrever? Os livros me encantam como objetos e me amedrontam como coisa a escrever. Há uns dois meses comecei como um leão um pequeno livro sobre o pintor Miró"[94].

No gosto com a impressora, talvez, o poeta encontre um momento de distanciamento da escrita, necessário na luta travada,

---

[93] F. Süssekind, op. cit., p. 69.
[94] C. Lispector, op. cit., p. 184.

bem ao modo de Kafka. Acrescente-se, dentro desse modo de escrever, a leitura que Blanchot nos propõe sobre o fato: "A inspiração impele-nos suave ou impetuosamente para fora do mundo e, nesse exterior, não existe sono, tal como não há repouso"[95]. Trata-se de uma forma de escrever em que está implicado o movimento da escrita. Blanchot localiza neste "ato" uma exigência de escrever, ou seja, uma experiência onde "escrever nunca é um poder de que se disponha – pertence ao que existe de mais extremo na obra, exigência central, mortal"[96].

A busca e a experiência na escrita lançam o poeta nessa possibilidade de escrever e de pensar. Tanto em Kafka, que se debatia neste escrever experiência-impossível, como em João Cabral, que norteia seu movimento de escrever e não escrever, afirmando a criação aqui e agora com o tipógrafo, encontramos a experiência literária conceituada por Blanchot e comentada por Christophe Bident.

Bident, no livro *Maurice Blanchot Partenaire Invisible*, declara que, no início dos anos de 1950, Blanchot identificou-se com Kafka, nas frases: "Eu não sou nada mais senão literatura, ou minha única aspiração e minha única vocação é a literatura"[97]. Ele passa a declarar-se assim e a usufruir dessa errância, estabelecendo possivelmente uma cumplicidade com as experiências pessoais de Kafka. Desde as mais simples, até as mais sofridas e trágicas (a vida conjugal, a solidão e a morte, por exemplo), Blanchot escolhe ler e escrever a partir de uma singularidade, onde escrever será refletir sobre as experiências, dando movimento aos seus livros, nesse *espaço infinito* que se desdobra.

A data de 22 de setembro de 1912 é escolhida pelo escritor Blanchot, no livro *L'Espace littéraire*, para marcar o que vamos sinalizar como um conceito blanchotiano: o de exigência da obra (*l'exigence de l'oeuvre*). É no extremo limite do escrever e do morrer que Blanchot dá movimento aos seus ensaios, cada vez mais densos e mais fechados. Seu desejo é o de permanecer na "solidão essencial", solidão onde se encontravam também Mallarmé, Kafka e Rilke (os três escritores escolhidos

---

[95] M. Blanchot, *O Espaço Literário*, p. 185.
[96] Idem, p. 60.
[97] C. Bident, *Maurice Blanchot, partenaire invisible*, p. 337.

por Blanchot para construir o *conceito* de "solidão essencial")[98]. Cito Bident, no texto "La Solitude essentielle. L'Écriture des récits", falando sobre este conceito: "'A solidão essencial' é esta da obra, esta pela qual o escritor está sem abrigo diante de uma obra aterrorizante e sempre incompleta, e é esta solidão aberta ao fundo de toda outra solidão, que sua própria solidão lhe permitiu encontrar e seguir, caminho difícil, exigente"[99].

É só através da linguagem que se encontra este espaço, espaço da não linguagem. E é na passagem libertadora do *eu* ao *ele* que o escritor experimenta a solidão essencial.

Foucault, ao falar da morte do autor, seguindo a trilha blanchotiana, reconhece a importância dessa passagem do *eu* ao *ele* no texto, quando escrever é "passar do Eu ao Ele, [...], é anônimo porque diz respeito a mim, se repete em uma dispersão infinita"[100]. Um caminho que conta de uma passagem subjetiva ao anônimo, possibilitando o surgimento do que Blanchot já tinha nomeado como o "Neutro". Segundo Foucault, quando se retira o rosto do autor, o que permanece é um murmúrio na firmeza de uma voz solitária, em movimento suave e violento que é produzido à medida que irrompe:

> No momento em que a interioridade é atraída para fora de si, um exterior se submerge no lugar mesmo em que a interioridade tem por costume encontrar seu recôndito e a possibilidade de seu recôndito: surge uma forma – menos do que uma forma, uma espécie de anonimato informe e obstinado – que desapossa o sujeito de sua identidade simples, o esvazia e o divide em duas figuras gêmeas embora não sobrepostas, o desapossa do seu direito imediato, ou seja, EU e levanta contra seu discurso uma palavra que é indissociavelmente eco e recusa[101].

Trata-se do que também pode ser reconhecido no canto das sereias do texto blanchotiano, no que atrai de um "fora", ou

---

98 Sobre o conceito de "solidão essencial", a que é vivida por um escritor enquanto ele se encontra engajado na força de sua tarefa de escrita, pode-se ainda dizer que o "tom" é a autoridade do apagamento. Ele é tudo o que resta perceptível do apagamento do autor. Ou seja, é "o perceptível na tensão da frase, na decisão do seu começo". Idem, p. 308.
99 Idem, ibidem.
100 M. Blanchot, *La Ausencia del Libro Nietzsche y la Escritura Fragmentaria*, p. 17.
101 M. Foucault, *O Pensamento do Exterior*, p. 62.

melhor, na presença surda de "um outro que é ele mesmo"[102]. As sereias traduzem a própria voz proibida e atraente, mas que está à sombra. As sereias parecem ser apenas um canto, pois não há nenhuma presença. E o canto parece ser mais um canto de promessa. Foucault lê Blanchot no *Espaço Literário* e explica que a voz que "canta sem palavras" carrega a sedução de um vazio que se abre naquele que escuta.

Este estudo trabalha com a escrita de um poeta pernambucano, na qual a voz é a que não soa, pois ele persegue um "canto andaluz" de ritmo seco e antilírico. Encontraremos, na pluralidade de sua escrita, um poeta que pode ser estudado deste lugar onde seu rosto permanece escuro e distante: "Ficarei indefinidamente contemplando / meu retrato eu morto"[103]. Mas, encontramos também a voz do poeta percorrendo lugares múltiplos na paisagem, como no poema "O Rio" onde a voz autoral se confunde com o ritmo monocórdio e lento do rio Capibaribe. Enquanto tarefa de escrever, a escrita se confunde com o morrer, é o que lemos na construção efetuada por Blanchot, ao dedicar um longo tempo de seu trabalho, como escritor e pensador da escrita, discorrendo sobre o *désoeuvrement*.

João Cabral disse, em entrevista a José Castello, em 06.4.1992, que "Escrever é um negócio que me esgota"[104], explicando que gostava mais de ler do que escrever, especialmente, "nesse Rio de Janeiro barulhento, quente"[105]. Houve, portanto, em João Cabral, sempre uma violenta exigência do trabalho com a palavra até uma situação de esgotamento. Já nesse momento da vida do poeta, com 72 anos, e nessas entrevistas dadas ao jornalista José Castello, surge uma possibilidade de falar sobre sua própria vida e obra, o que vem favorecer a nossa leitura em alguns aspectos aqui recuperados. Especialmente, nos momentos em que ele faz declarações tão categóricas: "Eu escrevo para ser lido em português. Ou melhor, para ser lido em nordestino"[106], ou "Eu não vivo de escrever, meus livros têm tiragens pequenas"[107].

---

102 Idem, ibidem.
103 Poema, *Serial e Antes*, p. 3.
104 *João Cabral de Melo Neto: O Homem sem Alma...*, p. 256.
105 Idem, ibidem.
106 Idem, p. 254.
107 Idem, p. 268.

Blanchot afirmou em relação ao trabalho literário e à solidão da obra, que: "Afastado dos deuses e dos homens, o poema convive apenas com sua solidão"[108]. No mais angustiante e no mais sombrio da experiência, no que está também dito por João Cabral a Clarice na correspondência entre eles, o "distante e maldito da experiência singular"[109] se mostra:

> Agora, eu pergunto ainda: serão de maldizer esses momentos de desespero e pessimismo que nos obrigam a começar cada vez, cada livro ou cada poema? Apesar de desagradáveis – eu os atravesso desprezando-os, pintando de feio o ofício de escrever e a escrita – não terão eles uma utilidade?[110]

A Clarice consegue o poeta declarar, nesta carta, a luta travada com a página em branco. Há a presença da matéria, da tinta, e a medida do trabalho que é corporal, com as mãos, com os dedos, com o corpo todo, enquanto ele, o poeta, se dá a conhecer dedicando-se à edição do texto na impressora. Há um outro fragmento, já citado neste capítulo, que retomo agora. É um texto visitado e revisitado pelos críticos:

> Logo que meu livro termine – falta um pouco – mandá-lo-ei a vocês. [...] é um livro que nasceu de fora para dentro, quero dizer: a construção não é nele a modelagem de uma substância que eu antes expeli, i.e, não é um trabalho posterior ao material, como correntemente; mas, pelo contrário é a própria determinante do material. Quero dizer que primeiro o planejei, abstratamente, procurando depois, nos dicionários, aqui e ali, com que encher tal esboço[111].

Dessa forma, João Cabral afirmava sua maneira de pensar e construir um novo livro, já em andamento. Tudo se apresenta como um projeto de construção, tanto o livro como a escrita que saía sendo *expelida*. O verbo escolhido por João Cabral, expelir, faz a relação com a aranha que tece sua teia, construindo-a. E dentro desse projeto em que as mãos estão bastante comprometidas, fazer o livro, o objeto, e fazer pesquisas em dicionários,

---

108 Apud L. Costa Lima, *Mímesis*, p. 248.
109 C. Bident. op. cit. p. 437.
110 C. Lispector, op. cit., p. 186. Carta de João Cabral a Clarice escrita em Barcelona, 15.2.1949.
111 Idem, p. 182. Carta sem data.

eram parte de seu ofício. Nesse aspecto do projeto do livro, encontramos algo do motivo central e organizador do mesmo. Por um lado, "uma tensão constitutiva" tal como Mallarmé o projeta: uma forma de reunir o que "o espírito recolhe, portanto, um poder extremo de explosão, um desassossego sem limites, que o livro não pode conter"[112].

Derrida nos diz, em "A Máquina de Edição de Texto", que, no ato de escrever, as mãos estão sempre implicadas, até mesmo, quando escrevemos sem as mãos, como é o caso quando gravamos nossas vozes, "pois as mãos não estão somente nas mãos"[113]. E ele recorda Heidegger para afirmar que "o trabalho do pensamento é um trabalho da mão, uma *Handlung*, 'uma ação', antes de qualquer oposição entre prática e teoria"[114], e o pensamento seria uma "manobra", uma "maneira". Entrevemos a experiência cabralina, neste ato de escrever-e-pensar com as mãos, um movimento envolvido no corpo e absorvido pelo pensamento. Uma tarefa onde também está em questão o colocar-se em movimento que tem "relação com o olho e com o resto do corpo etc."[115]

Recupero, outra vez, o poeta contemporâneo de João Cabral, Paul Celan, para lembrar o que ele afirmou em uma carta ao amigo Hans Bender, em 1960:

> Ofício – é coisa das mãos. E estas mãos, por outro lado, só pertencem a *um* indivíduo, isto é, a um único ser mortal que com a sua voz e o seu silêncio busca um caminho.
> Só mãos verdadeiras escrevem poemas verdadeiros. Não vejo nenhuma diferença de princípio entre um aperto de mão e um poema[116].

O que vai trabalhar no corpo resulta na palavra atravessada pela intranquilidade do sopro de cada poeta, de sua respiração. Ela transporta certa densidade de ar: "o ar é o veículo, mais, o *portador* da palavra. Ele é o meio físico graças ao qual – e através do qual – ela nos chega"[117]. A citação acima faz a relação da

---

112 J. Derrida, *Papel-máquina*, p. 29.
113 Idem, p. 141.
114 Idem, ibidem.
115 Idem, ibidem.
116 *Arte Poética*, p. 66.
117 G. Didi-Huberman, *Gestes d'air et de pierre*, p. 14.

palavra alemã usada para aperto de mão, *händedruck*. Porém, "druck" nos leva também à "impressão" (de um livro). Concluímos que um poema pode ser uma espécie de "impressão" digital, literalmente falando. Lemos em Fernand Cambon que, em "um poema de Celan, é sua mão mesma que ele coloca diretamente sobre o papel"[118]. De fato, um poeta, ao escrever poemas, coloca algo singular de seu próprio corpo na escrita. Tanto podemos perceber sua respiração no ritmo dos versos, como traços de sua "mão" – nas formas múltiplas e reunidas na pontuação que se mostra em vírgulas ou com sinais inesperados, que o texto poético apresenta em ondulações espontâneas –, como podemos chegar ao silêncio, algo desconhecido que vem de um lugar ignorado, interrompendo a sequência apresentada.

Retomando um pouco mais as cartas de João Cabral, especialmente a Clarice Lispector, cartas que testemunham como o poeta tornou-se um escritor na solidão da obra e da linguagem poética, fazemos uma relação entre a escrita cabralina e a escrita kafkiana. Lembramos o que Costa Lima comenta sobre Kafka, no livro *Limites da Voz: Kafka*, quando o autor de língua alemã afirma ser a literatura um absoluto. Kafka, em carta de 30 de novembro de 1912, declara a Felice: "Escrever mal, dever, contudo, escrever, se não se quiser abandonar-se ao desespero completo"[119]. E Costa Lima destaca a relação amorosa entre Kafka e Felice, para quem nas cartas o escritor faz declarações fortes e intempestivas, consagrando a força da escrita na afirmação dessa força. Lemos na carta de Kafka de 11 de dezembro de 1912: "Agora à noite tive oportunidade de escrever o que toda minha natureza pedia, [...] com um desespero interno crescente, mas só escrevo o estritamente bastante para suportar o outro dia"[120]. Dentro desse mesmo absoluto literário, constatamos, na carta de 13 de julho de 1913, também a Felice: "Quero apenas atravessar as noites escrevendo. E morrer por isso ou enlouquecer, também o quero, desde que é a consequência necessária e há muito esperada"[121].

---

118 Paul Celan en Provence, *Revue de Psychanalyse Sigmund Freud*, p. 49.
119 Apud L. Costa Lima, *Limites da Voz: Kafka*, p. 25.
120 Idem, ibidem.
121 Idem, p. 27.

O que mantém o escritor vivo também pode fazê-lo morrer ou enlouquecer? Aqui, podemos pensar as palavras já ditas por João Cabral, em carta a Clarice, e retomadas, em outros termos, em entrevistas. Relembramos inclusive, o que o poeta afirmou no filme *Recife-Sevilha: João Cabral de Melo Neto* ao cineasta Bebeto Abrantes: "eu não tenho interesse em viagens, em visitar este ou aquele lugar, eu só me interesso por escrever, e escrever a minha obra".

Dedicado a escrever poemas, João Cabral – tanto quanto Kafka – escreve, mas a sua escrita "começa mesmo antes de ser escrita"[122] pela consciência com que ele se propõe a escrever, na dedicação com a qual se entrega à tarefa. A tão declarada "dor de cabeça", que afeta o poeta todos os dias de sua vida e que com aspirinas é medicada, a tal ponto que passa a ser matéria de escrita poética, conjuga parte dessa perda vivida na dor de escrever, tanto quanto sinaliza a sua força/tarefa de *fazer* sua ação poética. Na carta a Drummond, o poeta confirma a sua tendência antiepistolar, explicando-se a partir da dor: "Hoje estou antiepistolar, até pela letra; como comecei um regime para libertar-me da cafiaspirina que engulo, em número de seis por dia, há dez anos, sinto a falta da cafeína e tenho as mãos trêmulas"[123]. O poeta, todas as vezes que a ela (a dor de cabeça) se remete, faz suas declarações com seriedade e no compromisso da escrita dolorosa que lhe "ferve" a cabeça. Nem sempre o poeta se desfaz da dor com facilidade, tendo isto sido, inclusive, o motivo de fazê-lo decidir-se por uma cirurgia que nada resolveu. Segundo sua filha Inês, no filme já aqui referido, a dor de cabeça às vezes era tão forte que o poeta chegou a se submeter a uma cirurgia, uma operação no nervo da testa (do lado esquerdo, bem em cima da sobrancelha). Mas não conseguiu sanar a sua dor.

Há que se quebrar a cabeça em cada nova busca, disse João Cabral a Clarice, na carta enviada de Barcelona, mostrando-se próximo à escritora na categoria dos criadores insatisfeitos (carta de 15 de fevereiro de 1949). Clarice sempre sugeria que escrever exigia um modo inovador e criativo. João Cabral

---

122 Idem, p. 37.
123 F. Süssekind (org.), op. cit, p. 228.

reconhecia-se nas palavras de Clarice, e afirmava inquieto que se sentia "artesão das coisas eternamente perseguidas"[124].

O poeta-editor, em carta sem data, reflete sobre o novo ofício de fazer livros. E, racionalmente falando sobre a técnica, procura mostrar a Clarice como constrói o livro. Imbuído na própria experiência – de forma solitária – ele revela algo sobre o olhar de uma criança diante da máquina de algodão-doce, que parece fazer mágica no vazio e fiando constrói o "fio branco". Assim, por meio da imagem, localiza o ofício da criação na escrita que tece:

> me lembra aquela máquina que há nas ruas do Rio, que serve para fazer algodão de açúcar. Você a olha no começo e só vê uma roda girando, depois, uma tênue nuvem de açúcar se vai concretizando em torno da roda e termina por ser algodão. A imagem me serve para dizer isso: que primeiro a roda, i.e., o trabalho de construção: o material – que é a inspiração, soprado pelo Espírito Santo, o humano etc. – vem depois: é menos importante e apenas existe para que o outro não fique rodando no vazio (prazer individual, mas sem justificação social, imprescindível numa arte que lida com coisa essencialmente social, como a palavra)[125].

De forma notável, podemos perceber o desdobramento dessa ideia no poema onde imagem e pensamento se inter-relacionam. O poema "Psicanálise do Açúcar", escrito entre 1962-1965, é dedicado a Bandeira, nos "seus oitent'anos":

> O açúcar cristal, ou açúcar de usina,
> mostra a mais instável das brancuras;
> quem do Recife sabe direito o quanto,
> e o pouco desse quanto, que ela dura.
> Sabe o mínimo do pouco que o cristal
> se estabiliza cristal sobre o açúcar,[126]

Os versos desse poema trabalham sob a imagem do fio branco do açúcar na máquina da criação. No fascínio, a brancura, e o mínimo que dura essa "brancura", já mínima, na qual

---

124 C. M. de Sousa, Cartas de João Cabral de Melo Neto para Clarice Lispector, *Colóquio Letras*, n. 157/158, p. 289.
125 C. Lispector, op. cit., p. 182.
126 *Serial e Antes*, p. 27.

a escrita se faz. Tanto no *rio* da escrita, que jorra as imperfeições e sujeiras de toda a cidade no poema "O Rio", como aqui, na memória de uma criança nascida no engenho de açúcar do avô, a visão que questiona o ato de escrever trabalha a ideia do "ato" em movimento constante, em um poeta "envenenado por construção". No interior de cada poema "se sucedem processos de construção, de reprodução ou de transformação de modelos"[127], confirmando a *máquina útil do poema*.

O fio-palavra faz não apenas seu caminho sonoro e pungente, mas reflete sobre seu próprio pulsar. A experiência com a escrita se dá, dessa forma, em poemas como "Rios sem Discurso", no qual, na rede das palavras, encontram-se imagens que se mostram, fazendo-se em outros fios no "fio de água por que ele discorria".

> Quando um rio corta, corta-se de vez
> o discurso-rio de água que ele fazia;
> cortado, a água se quebra em pedaços,
> em poços de água, em água paralítica.
> Em situação de poço, a água equivale
> a uma palavra em situação dicionária:
> isolada, estanque no poço dela mesma,
> e porque assim estanque, estancada;
> e mais: porque assim estancada, muda,[128]

A água paralisada, "a palavra em situação dicionária"[129], é exemplo de como o poeta trabalhava com a ajuda do mesmo, o dicionário, fonte de movimento da palavra quando tocado pelo poeta. O *rio-poeta* corta e (re)corta o verso do poema que, desta maneira, monta-se com andamentos distintos: às vezes em pedaços, outras tantas em correntes de água com o andamento da prosa.

Com Clarice Lispector, nas poucas cartas escritas, principalmente as de Barcelona, no final da década de 1940, as perguntas se abriam sem respostas. Tanto quanto no poema

---

127 A. Gonçalves, *Transição e Permanência, Miró/João Cabral*, p. 23.
128 *Serial e Antes*, p. 21.
129 A expressão de Carlos Drummond, retomada por João Cabral em verso, é a referência citada por Souza Tavares para dizer da água parada, mas trazendo alguma ambivalência ao texto, ao discurso do rio, que também pode estar, em algum momento, seco.

"Os Três Mal Amados", no qual as perguntas sobre o amor, endereçadas ao leitor, se colocam de forma enigmática, parece que, com Clarice, João Cabral permitia-se experimentar não somente o rio da escrita, mas o mar da escrita que pergunta e quase nada responde. Agora, vamos recortar, novamente, um trecho dessa carta de 15.2.1949:

> Agora eu pergunto ainda: serão de maldizer esses momentos de desespero e pessimismo que nos obrigam a começar cada vez, cada livro ou cada poema? [...] O toureiro não necessita esses vazios para ter em que quebrar a cabeça, com que começar. Porque o touro se encarrega disso[130].

Do amor e da errância na escrita são as questões que surgem em João Cabral na correspondência a Clarice Lispector, com perguntas e mais perguntas – sempre do lugar de um não saber – de onde as suas cartas se colocam de forma enigmática, como um *désoeuvrement* a descoberto: "Agora eu pergunto [...] seria V. capaz de continuar escrevendo sem risco de perder a cabeça? É alguém capaz de jogar *poker* sem dinheiro? Sem arriscar? Eu estou certo que não"[131].

A questão parece ser a que habita todo escritor em cada nova obra. Diante da escrita a se escrever, o escritor se indaga sobre deixar ou não de escrever. A cada indagação se depara com a questão de se tem mais o que dizer, e/ou se vai dizer "uma única coisa e só essa"[132].

---

130 C. Lispector, op. cit. p. 186.
131 Idem, p. 186. Carta de 15.2.1949.
132 M. Blanchot, *O Livro por Vir*, p. 112.

2. A Medula Óssea da Escrita Cabralina

POEMAS DO CAPIBARIBE:
"O CÃO SEM PLUMAS" E "O RIO"

A partir da década de 1950, configura-se de forma mais clara o traçado da obra de João Cabral. O poeta comparece no livro *Duas Águas,* publicado em 1956 pela José Olympio[1], reunindo poemas desde *Pedra do Sono,* de 1942, até *O Rio ou Relação da Viagem que faz o Capibaribe de Sua Nascente à Cidade do Recife* de 1954. Incluía também, nessa publicação, três novos livros: *Morte e Vida Severina, Paisagens com Figuras* e *Uma Faca Só Lâmina.* O título da coletânea faz alusão a um tipo de "telhado muito comum em casas simples do Nordeste"[2], mas também afirma uma divisão desta obra em duas vertentes: a de poemas interessados em estados oníricos e de vigília, em que as emoções se misturam com o fazer poético, e a de uma poesia transitiva e

---

1 Relembramos que quase todos os livros anteriores do poeta haviam sido publicados por ele mesmo e por amigos, em pequenas tiragens, com exceção de *O Rio* que foi editado depois de uma premiação, por ocasião do Centenário da Cidade de São Paulo, e dos *Poemas Reunidos* (Ed. Orfeu, 1954). Cf. J. A. Barbosa, *João Cabral de Melo Neto,* p. 9.
2 Idem, ibidem.

de caráter social, vertente que o longo poema O *Cão sem Plumas*, de 1949, inicia, e que se consolida em 1956.

Duas Águas localiza a poesia nesse espaço nordestino e, por força do trabalho poético e da tensão da escrita, cria também "o espaço para que esse regional fosse apreendido de modo mais crítico e, por aí, mais universal"[3]. Na tensão entre essas questões está o trabalho do poeta e o núcleo de sua poética. Em 1956, por ocasião do lançamento desse livro, o poeta disse que o título continha "duas intenções: por um lado, textos para serem lidos em silêncio; por outro, 'poemas para auditório numa comunicação múltipla'"[4].

O "Cão sem Plumas" é um poema que vem fixar, pela primeira vez em seu texto poético, uma estreita relação entre poética e ética. Aqui, o eixo define a preocupação que persegue o poeta com as questões sociais e os debates da época sobre as "relações entre criação poética e expressão da realidade"[5]. É, além disso, o último livro que ele imprimiu na prensa manual, com a pequena tiragem de cem exemplares. João Cabral considerou este seu livro impressionista, e respondia às críticas feitas por Rubem Braga ao título *O Cão sem Plumas* na época, dizendo: "pior vai ser o dia em que o rio vier a falar"[6]. O que realmente aconteceu pouco depois, com a escrita do poema "O Rio", em que "o Capibaribe sobrepõe sua voz às impressões do poeta"[7].

As duas "paisagens do Capibaribe" de João Cabral desde então, portanto, nos interessam como indicadoras de caminhos e modos, no qual o próprio rio *sabe* e/ou procura saber de seu caminhar. Um movimento que insere em si o próprio movimento da escrita, em que um *não saber* também está em questão:

§ Aquele rio
era como um cão sem plumas.
Nada sabia da chuva azul,

---

[3] Idem, p. 10.
[4] M. G. Simões. *Morte e Vida Severina*: Da Tradição Popular à Invenção Poética, *Colóquio Letras*, p. 102.
[5] J. A. Barbosa, op. cit., p. 14.
[6] Apud J. Castello, *João Cabral de Melo Neto: O Homem sem Alma & Diário de Tudo*, p. 100.
[7] Idem, ibidem.

> da fonte cor-de-rosa,
> da água do copo de água,
> da água de cântaro,
> dos peixes de água,
> da brisa na água.
>
> § Sabia dos caranguejos
> de lodo e ferrugem.
> Sabia da lama
> como de uma mucosa.
> Devia saber dos polvos.
> Sabia seguramente
> da mulher febril que habita as ostras.[8]

Da imagem colorida dos primeiros versos de um rio que "Nada sabia da chuva azul, / da fonte cor-de-rosa," João Cabral consegue, recorrendo a imagens contraditórias, fazer certas associações e abrir o lado oposto da cor, "do lodo e ferrugem".

As muitas e insistentes comparações na poesia, como por exemplo, "Sabia da lama/ como de uma mucosa", exigem atenção na leitura. Ao leitor é dada a sensação visual e sensível de chegar muito perto da cena descrita, tanto quanto de presenciar a própria construção do poema que se faz obliquamente. Vários exemplos colaboram para que possamos perceber a construção do poema, e ainda o seu suposto inacabamento, com o uso reiterado de analogias. Vejamos na primeira estrofe da seção IV:

> § Aquele rio
> está na memória
> como um cão vivo
> dentro de uma sala.
> Como um cão vivo
> dentro de um bolso.
>
> § Como um cão vivo
> debaixo dos lençóis,
> debaixo da camisa,
> da pele.[9]

---

8 O Cão sem Plumas, *Serial e Antes*, p. 73.
9 Idem, ibidem.

As analogias em cascata possivelmente traduzem e obedecem a uma imposição obsessiva do poeta, conferindo "um permanente inacabamento"[10] à leitura, que se apoia no uso do *como*, no poema. Portanto, as imagens não se fecham, e estão a serviço da construção, favorecendo também alguns giros ao olhar que não consegue fixar-se em um só ponto.

Em se tratando do poeta João Cabral, que sempre buscou afirmar uma escrita racional e consciente, é interessante pensar alguns aspectos da obra. Importa-nos ler o movimento da escrita do poeta, singular e solitária. Nesse caso, interessa escutar a obra jorrar seu ritmo *a palo seco*, mas ainda assim jorrar. Nesses momentos da escrita se fazendo obra, o poeta experimenta principalmente a força pulsional de seus versos: "o rio cresce / sem nunca explodir"[11], e "em silêncio, / o rio carrega sua fecundidade pobre, / grávido de terra negra"[12]. De acordo com o que percebemos, e que é da ordem de uma tensão, duas situações se fazem presentes: o rio cresce, pulsa, e ao mesmo tempo silencia. Às vezes, a escrita-rio parece estagnar-se. Mas aquele rio fluía, entre as paisagens, "como um cão/ humilde e espesso":

> § Na paisagem do rio
> difícil é saber
> onde começa o rio;
> onde a lama
> começa do rio;
> onde a terra
> começa da lama;
> onde o homem,
> onde a pele
> começa da lama;
> onde começa o homem
> naquele homem.
>
> § Difícil é saber
> se aquele homem
> já não está

---

10 M. A. de Souza Tavares, *Poesia e Pensamento*, p. 277.
11 O Cão sem Plumas, op. cit. p. 74.
12 Idem, ibidem.

mais aquém do homem;
mais aquém do homem
ao menos capaz de roer
os ossos do ofício;
capaz de sangrar
na praça;
capaz de gritar
se a moenda lhe mastiga o braço;
capaz
de ter a vida mastigada
e não apenas
dissolvida
(naquela água macia
que amolece seus ossos
como amoleceu as pedras).[13]

O conceito de "espesso", que é usado ao extremo no poema, funciona ainda como um recurso que vem acordar a percepção sensorial do leitor: "Aquele rio / é espesso / como o real mais espesso"[14]. Marta Peixoto explicita o uso abundante das palavras concretas em versos, por suas qualidades sensoriais: pele, lama, rio, terra, osso, pedra são algumas delas. O vocábulo "espesso" vem cheio de uma sensibilidade rara na linguagem, vem do latim *spissus*. É que a palavra tem *serventia* múltipla, como se diz no Nordeste, podendo tanto ser usada para qualificar alguma coisa: "aquele rio é espesso", é grosso, é denso, como para suportar uma descrição mais aberta, como essa de escrever, ou seja, escrever intenso, no sentido figurado do termo *spissus*, escrever com dedicação.

Roberto Vecchi comenta, as visões poéticas de Recife em Bandeira e João Cabral. De Bandeira a João Cabral, a cidade de Recife – "com as suas temporalidades submersas e latentes – torna-se algo mais do que um simples referente privilegiado. Algo de muito espesso"[15]. Na verdade, se Bandeira evoca Recife de forma lírica, em uma poética memorialista, já bastante estudada por Costa Lima, João Cabral segue em sentido diferente, pois sua obra vai-se construindo, dispondo apenas de sua

---

13 Idem, p. 79-80.
14 Idem, p. 85.
15 Recife com Restos, *Colóquio/Letras*, n. 157/158, p. 189.

linguagem. E vai em "processo de desmistificação definitiva do lirismo e do sentimentalismo"[16], construindo na materialidade da escrita.

Comenta-se que João Cabral concluiu um giro iniciado por Baudelaire, e Costa Lima, em *Lira & Antilira*, reconhece que lhe coube enquanto tarefa das mais difíceis, ou seja, a de fazer o corte radical. Se a "experiência de choque", em que se fundou a lírica baudelairiana, introduziu principalmente a poesia em algo da ordem da experiência, temos a experiência cabralina, depois de Bandeira e Drummond, que recolocou este princípio como limitador e organizador de uma poética, porém, com a desmistificação do poema: "contra a poesia dita profunda". Agora, o efeito esperado era o de um duro trabalho com a letra.

Nas memórias destes dois poetas, Manuel Bandeira e João Cabral, que têm por objeto o Recife, sustentam-se grandes diferenças. A "diferença essencial na objetivação poética cabralina, que torna central uma noção menos visível ou até implícita de resto"[17], apresenta uma Recife que continua sendo o objeto de sua poética. Mas João Cabral vai se deter na poesia, com o que podemos reconhecer como os "restos" de seu tempo.

As palavras afirmadas, em entrevistas, dizem de sua família e desse tempo vivido nos engenhos, de forma tal que podemos compor um cenário um pouco mais íntimo, mais autobiográfico do que nos é dado em seus versos, que também fazem parte desta paisagem:

[Minha família não era rica], era uma família tradicional. Não tive infância luxuosa. Aqueles luxos que certos escritores atribuem ao engenho devem ter sido no princípio da Colônia. Nenhum dos engenhos de meu pai tinha luz elétrica, de modo que, quando começava a escurecer, as empregadas punham todos os candeeiros sobre a mesa, iam acendendo um por um e levando para diferentes cantos para pendurar. Eu fiquei no engenho do Poço do Aleixo antes de me alfabetizar. Então meu pai foi morar no Recife, e nós tínhamos uma professora, a dona Natália, para mim e meu irmão. Depois que nós estávamos suficientemente alfabetizados, entramos para o Colégio Marista. A gente passou a ir ao engenho apenas nas

16   Idem, p. 188.
17   Idem, ibidem.

férias. Nessa época, os empregados compravam os folhetos e levavam para eu ler. Eu ficava sentado num carro de boi velho e todos ficavam em volta, sentados no chão, ouvindo[18].

Mesmo as lembranças sobre essa paisagem conhecida, "do engenho onde corria o rio" de sua infância, são lembranças faladas, e por meio das quais ele nomeia as coisas, no caso especial o Tapacurá, um afluente do Capibaribe, que está tão presente nos seus versos "A minha lembrança mais antiga talvez seja a de estar no engenho. É uma imagem estática, mas na frente do engenho corria um rio, o Tapacurá, afluente do Capibaribe. Esse engenho que a família vendeu é agora o engenho da usina Itiúma"[19]. Já em Bandeira, são imagens que chamam à memória as que encontramos no poema "Evocação do Recife", do livro *Libertinagem* (1930). Neste poema, o poeta "condensa em si um mapa do rumo da poesia modernista"[20] em cuidadoso exercício de elaboração formal e temático. "Evocação do Recife" traduz um "mundo" já morto e distante e reafirma o que é rememorado:

Recife
Não a Veneza americana
Não a Mauritsstad dos armadores das Índias Ocidentais
Não o Recife dos Mascates
Nem mesmo a Recife que aprendi a amar depois –
    Recife das evoluções libertárias
Mas o Recife sem história nem literatura
Recife sem mais nada
Recife da minha infância[21]

A memória aqui, então referida como perda, traduz-se em "relíquias e recordações sensoriais – visuais, sonoras e eróticas"[22]. A partir da partícula negativa repetida é que podemos escutá-la afirmativamente. A poesia, que foi nomeada "poesia de restos", por Vecchi, articula uma Recife morta, em pedaços "descontínuos de memória", ligada por quadros em movimento. Com

18 F. Athayde, *Idéias Fixas de João Cabral de Melo Neto*, p. 47.
19 Idem, ibidem.
20 R. Vecchi, op. cit., p. 190.
21 M. Bandeira, *Poesia*, p. 55.
22 G. Agamben apud R. Vecchi, op. cit., p. 191.

Bandeira, o resto que determina um caminho de mudança vai somando-se e será por testemunho que se afirmará. Segundo o ensaísta Vecchi, entre a palavra e o silêncio define-se a possibilidade que se aproxima do que Giorgio Agamben irá nomear como "aporia do testemunho do acto da criação poética"[23]: um instante que se faz presença poética a partir do mecanismo do testemunho, o qual se afirma como "o que resta entre a possibilidade e a impossibilidade de falar"[24]; um quase nada.

Vecchi acrescenta que João Cabral irá construir, com os restos de Recife, os elementos que nos ajudarão a compreender a sua despoetização, tanto quanto a despersonificação (em territórios como o da memória autobiográfica). Partindo de um "Recife morto", João Cabral vai tratar, por exemplo, na série de quadros dos sete cemitérios nordestinos, do impensável e do dessacralizado. E, na função de fazer funcionar uma negatividade em grau máximo, o poeta se aproxima deste ponto do impossível, onde sua escrita conserva algo estruturador da poesia do menos[25].

Com o poema que é dedicado a Bandeira ("O Pernambucano Manuel Bandeira"), e está no livro *Museu de Tudo,* ele alude a um recifense criado no Rio. A antilírica cabralina, relembramos aqui, parece incorporar alguns achados de Bandeira, como restos de sua poética.

> Recifense criado no Rio,
> não pôde lavar-se um resíduo:
> não o do sotaque, pois falava
> num carioca federativo.
> Mas certo sotaque do ser,
> acre mas não espinhadiço,
> que não pôde desaprender
> nem com sulistas nem no exílio.[26]

---

23 Idem, p. 192.
24 Idem, ibidem.
25 A expressão "poesia do menos" é de Antonio Carlos Secchin em seus estudos sobre o poeta, no livro *João Cabral de Melo Neto: A Poesia do Menos.* Traduz uma poética que se constrói com cortes, com o que há de menos, buscando sempre trabalhar sem os excessos da lírica.
26 O Pernambucano Manuel Bandeira, *A Educação pela Pedra e Depois*, p. 57-58.

Retomando o tópico dos restos de uma Recife morta, o poema sustenta alguma resistência com a língua do Nordeste, que em Bandeira não teria permanecido como sotaque, mas como algo fixado na alma, no ser. Esclarecemos que "no recifense criado no Rio", não apenas o avô morto, mas também a cidade, já então uma outra Recife, determinam e circunscrevem a perda fundamental: possivelmente a infância. É que, na obra do poeta Bandeira, as "suas referências ao tema cidade são sempre oblíquas e quase sempre ele transforma a cidade, qualquer cidade, em matéria de memória"[27]. E o Recife da infância do poeta, por exemplo, é o da "Evocação do Recife", tanto quanto o do "Boi morto".

Cabe dizer que a correspondência entre os dois poetas, de 1942 a 1958, com um ritmo de amizade sincera, chega a influenciar Bandeira na experiência de "ritmos dissolutos", como, por exemplo, em "Boi Morto", composto durante uma madrugada inteira, com a repetição das palavras do título compondo um refrão forte e seco:

> Como em turvas águas de enchente,
> Me sinto a meio submergido
> Entre destroços do presente
> Dividido, subdividido,
> Onde rola, enorme, o boi morto.
>
> Boi morto, boi morto, boi morto.[28]

Encontramos um breve comentário sobre o fato em *Itinerário de Pasárgada*, no qual o poeta esclarece a quebra propositada do verso, de oito sílabas, no final (terceiro verso da última estrofe). Bandeira afirma que buscava um ritmo mais sutil que escapasse do número fixo de sílabas:

> Boi morto, boi descomedido,
> Boi espantosamente boi.
> Morto, sem forma ou sentido
> Ou significado...[29]

---

27 S. Uchoa Leite, *Crítica de Ouvido*, p. 41.
28 M. Bandeira, op. cit., p. 83.
29 Idem, ibidem.

Vemos, nesse sentido, que o comentário nos reenvia à correspondência entre os dois poetas, em caminhos distintos, de influências mútuas. Nas conversas sobre os poemas, portanto, desdobram-se séries e temas que aparecem aos poucos. É o caso ainda do poema "O Bicho" de Bandeira: "Vi ontem um bicho/ Na imundice do pátio", onde a visão da rua é a do alto de uma janela. João Cabral, no poema "Alto do Trapuá", padece da mesma estranha impressão:

> É uma espécie bem estranha:
> tem algo de aparência humana,
> mas seu torpor de vegetal
> é mais da história natural.[30]

A conversa sobre "O Bicho" de Bandeira, enviado a João Cabral na carta de 26 de janeiro de 1948, confirma o registro deste "diálogo direto de Cabral com certos textos de Bandeira"[31]. João Cabral elogia o poema e o comenta em carta enviada em 17 de fevereiro de 1948, ressaltando o fato de Manuel Bandeira conseguir "'desentranhar' poesia do cotidiano"[32]:

> Não sei quantos poetas no mundo são capazes de tirar poesia de um "fato", como você faz. Fato que V. comunica sem qualquer jogo formal, sem qualquer palavra especial: antes, pelo contrário: como que querendo anular qualquer efeito autônomo dos meios de expressão. E isso é tanto mais impressionante, porque ninguém mais do que V. é capaz também de tirar todos os efeitos da atitude oposta, isto é, do puro funcionamento desses meios. Você já terá notado que meu ideal é muito mais este Bandeira do que aquele. Mas diante de poemas como "O Bicho", fico satisfeito por verificar que nenhum excesso intelectualista me é capaz de tirar a sensibilidade para poemas dessa família[33].

Ainda são recuperados, nos "tons menores"[34], aspectos já sublinhados na "Introdução" da coletânea *Estrela da Vida Inteira*.

---

30 *Serial e Antes*, p. 135.
31 F. Süssekind, *A Voz e a Série*, p. 286.
32 Idem, ibidem.
33 F. Süssekind (org.), *Correspondência de Cabral com Bandeira e Drummond*, p. 60.
34 Vale lembrar que Bandeira se nomeou "poeta menor" por não ser capaz de seguir o conselho de Paul Valéry, quando dizia que um grande poeta deve construir

Assim, os nomeados "poemas dessa família" são poemas de secura formal, que a expressão cabralina reforça, dando-lhes caráter e lugar de destaque, na poesia agora escrita por Bandeira. Com os elementos bandeirianos, como os dos versos "homens feitos bichos", e a forma do poema epistolar, que se parece a um relato de carta e desdobra "discurso e percurso", a influência de Bandeira se faz notar.

Na nomeada "poesia do *menos*" de João Cabral, o célebre poema do Capibaribe – "O Rio" (1953) – é considerado como sendo narrativo e autobiográfico, em que as perdas são enumeradas, entre memória e esquecimento, no movimento de uma caminhada fluvial (entre detritos de cidade e restos de paisagem):

> Um velho cais roído
> e uma fila de oitizeiros
> há na curva mais lenta
> do caminho pela Jaqueira,
> onde (não mais está)
> um menino bastante guenzo
> de tarde olhava o rio
> como se filme de cinema;
> via-me, rio, passar
> com meu variado cortejo
> de coisas vivas, mortas,
> coisas de lixo e de despejo;
> viu o mesmo boi morto
> que Manuel viu numa cheia,
> viu ilhas navegando,
> arrancadas das ribanceiras.[35]

A memória aflora em restos e também em movimentos que produzem restos. O menino João Cabral e o rio são um só. E Manuel Bandeira comparece nesses versos, homenageado, com a presença material do boi morto, tantas vezes já comentado na troca epistolar entre os dois poetas amigos. A memória, aqui, pode ser concebida dentro do que Walter Benjamin vai nomear de "memória involuntária", *à la* Proust. O rio

---

seu poema com a consciência. Cito Valéry, em sua referência, traduzindo-o, "ter composto uma obra medíocre com toda lucidez, do que uma obra-prima a lampejos, em estado de transe...". Cf. M. Bandeira, *Itinerário de Pasárgada*, p. 30.
35 *Serial e Antes*, p. 109.

e o "filme de cinema" parecem acenar inesperadamente com a presença, o volume e, quem sabe, até mesmo com o cheiro deste rio da infância do poeta.

O Poema "O Rio" Orquestra Pedaços de Memória

A "memória involuntária" não tem tempo nem lugar para se fazer presente. Segundo Benjamin, em estudo sobre Proust, ela manifesta-se naquilo que retorna à lembrança, no que vem à tona na escrita, a partir de alguma experiência sinestésica, que tanto pode ser visual, auditiva, olfativa, do paladar ou de uma mistura desses sentidos. É sempre da ordem do inconsciente. O poema "O Rio", com certeza, orquestra um caminho singular de registro sonoro, mas não somente, pois recompõe para o leitor pedaços de um tempo da história e da vida pernambucanas.

Dessa forma, é com o poema "Escrito com o Corpo", que vamos buscar explicitar algo da memória de João Cabral, pois assim ele vai defini-la, na parte IV do poema:

> Memória exterior ao corpo
> e não da que de dentro aflora;
> e que, feita que é para o corpo,
> carrega presenças corpóreas.
>
> Pois nessa memória é que ela,
> inesperada, se incorpora:
> na presença, coisa, volume,
> imediata ao corpo, sólida,
>
> e que ora é volume maciço,
> entre os braços, neles envolta,
> e que ora é volume vazio,
> que envolve o corpo, ou o acoita:[36]

Memória inesperada que se incorpora. Memória que acolhe, "e que ora é volume maciço / [...] / e que ora é volume vazio". Sempre arrastando pedaços, ela "carrega presenças corpóreas". Novamente, é com a ajuda de Benjamin que podemos

[36] *Serial e Antes*, p. 285-286.

acompanhar, um pouco mais, essa reflexão cabralina. Lemos em Benjamin: "A memória pura – a *mémoire pure* – da teoria bergsoniana se transforma, em Proust, na *mémoire involontaire*"[37]. Considerando a memória como essencialmente conservadora, Benjamin nos ensina a ler Proust e a ler, também, as obras de alguns poetas, entre eles Baudelaire.

De fato, é a figura do *flâneur* de Baudelaire que consegue fazer com que a cidade se apresente "viva" e em progresso. A cidade de Paris comparece para ser a expressão do mundo e da perda que a transformação da vida traz no novo século. Dessa perda irreparável, que o século XX radicaliza com a crise da representação, somos convocados a visualizar, dissolvendo o pictórico clássico em uma estranha luz que transforma as representações em imagens difusas e mais abstratas. Benjamin alude ao fato de que o desejo do *flâneur* é emprestar uma alma à multidão amorfa de passantes. Essa multidão, que Baudelaire nunca esquece, está impressa em seu processo de criação. Benjamin diz que a imagem do esgrimista pode ser solucionada: os golpes desferidos buscam abrir o caminho através da multidão. É mesmo com a "multidão fantasma das palavras, dos fragmentos, dos inícios de versos [...] que o poeta, nas ruas abandonadas, trava o combate pela presa poética"[38].

Na posição de poeta crítico e leitor de Baudelaire, afirmada por João Cabral: "Acredito que já comprei nove vezes as obras completas de Baudelaire. Sem dúvida alguma, ele é a base de toda a poesia moderna, em sua obra estão implícitos todos os aspectos literários que viriam depois"[39], se define a influência incorporada muito especialmente. Esta é uma via que se acende, inclusive nos nomeados bilhetes de repartição. Cito: "Drummond escreve a Cabral, preocupado com certo 'hermetismo' que sua poesia parecia compor na época". O comentário de Flora Süssekind destaca a expressão do verso baudelairiano "joia sepultada"[40] da terceira estrofe: "Muita joia dorme enterrada / Nas trevas e no esqueci-

---

37 *Obras Escolhidas III*, p. 106.
38 Idem, p. 113.
39 Apud F. Athayde, op. cit., p. 121.
40 No original: "*joyau enseveli*". A expressão do verso de Baudelaire, utilizada por Drummond em bilhete a João Cabral, aparece como um jogo de adivinhação, pois ele pergunta: "João. De quem é?", Carta de 2 de março de 1945. F. Süssekind, *A Voz e a Série*, p. 273.

mento / Bem longe das britadeiras e das sondas"[41], do poema "Le Guignon", que sugere uma definição da obra de arte na qual a "obscuridade se reveste de valor peculiar"[42]. O poema, que pode ser traduzido como "A Má Sorte", diz do que, mesmo valioso, fica sepultado e esquecido. Sinaliza, com certeza, a dificuldade da escrita fechada e difícil.

A influência de Baudelaire em João Cabral, inclusive participando das "brincadeiras" nos bilhetes de repartição, está, além disso, delineada nas visões da cidade de Recife, com regiões e cenários recuperados ao longo da obra. Está em Pernambuco (do sertão, e da zona da Mata, por exemplo) e na Espanha (da Andaluzia e de Castela). O poeta aparece e reaparece sob o signo da cidade, visitando cidades e passeando sua memória e imaginação poética. Tanto no poema "O Cão sem Plumas" como em "O Rio", João Cabral *pinta* cenários ribeirinhos de sua terra pernambucana revestida da dimensão social. As imagens são densas e retratam a condição de vida subumana em paisagens de mangues, e antecipam, de certa maneira, o poema que nasceria logo depois: "Morte e Vida Severina". Agora, acompanhemos esta temática que se escreve no poema "O Cão sem Plumas", no qual o poeta empresta sua alma ao nordestino:

§ Algo da estagnação
dos palácios cariados,
comidos
do mofo e erva-de-passarinho.
Algo da estagnação
das árvores obesas
pingando os mil açúcares
das salas de jantar pernambucanas,
por onde se veio arrastando.

§ (É nelas,
mas de costas para o rio,
que "as grandes famílias espirituais" da cidade
chocam os ovos gordos
de sua prosa.
Na paz redonda das cozinhas,

---

41 Baudelaire, apud F. Süssekind, ibidem.
42 Idem, ibidem.

[...]

§ Como o rio
aqueles homens
são como cães sem plumas
(um cão sem plumas
é mais
que um cão saqueado;
é mais
que um cão assassinado.

§ Um cão sem plumas
é quando uma árvore sem voz.
É quando de um pássaro
suas raízes no ar.
É quando a alguma coisa
roem tão fundo
até o que não tem)[43].

Aqui, o tempo "é quando", sugerindo um tempo aberto e sem muita precisão. Na paisagem do Nordeste brasileiro, a memória do poeta confere ao estatuto poético dessa obra um movimento bem próximo ao movimento da natureza e suas surpresas: o quando. João Cabral nos apresenta a "Paisagem do Capibaribe" e sua *fábula*, e segue abrindo o *discurso* poético dentro do poema, com imagens surpreendentes e críticas. Vejamos um pouco mais:

IV

§ Aquele rio   *Discurso do*
está na memória   *Capibaribe*
como um cão vivo
dentro de uma sala.
[...]

Como todo o real
é espesso.
Aquele rio
é espesso e real.

[43] *Serial e Antes*, p. 75-79.

> Como uma maçã
> é espessa.
> Como um cachorro
> é mais espesso do que uma maçã.[44]

A insistência dos versos é em falar "a coisa". Este real que toca a um impossível de ser nomeado. Mas podemos lembrar que a coisa é e não é a coisa. Ela é mais que o que fala e menos que sua imagem falada. Pois, a palavra é "tensa" e vibra com o que lhe é exterior, mas também carrega algo de um limite. Há no "espesso" do rio Capibaribe uma imagem que edifica a obra, apresentando a arte em construção. Ou seja, conseguimos ler a obra, ao vislumbrar João Cabral firmando-se no trabalho poético e erguendo-se na resistência da pedra, na materialidade deste escrito: real e espesso.

Na passagem do tema das cidades para o tema das coisas, é possível perceber que o poeta trabalha sua linguagem em camadas sonoras, e peças arquitetadas com letras (A e B principalmente) e/ou números, construindo seus blocos em versos de quadraturas que montam cenários, principalmente urbanos, enquanto formam e armam, na página em branco, o "cimento", a argamassa do poema, o próprio objeto poético.

As Lições de Baudelaire e de Proust

Os caminhos, as cidades e as ruas das cidades, com seus objetos colocados à luz da escrita, dão o ritmo da visão de João Cabral, visão de sua *experiência* que nos faz lembrar a *experiência* de Baudelaire. A arquitetura cabralina observa detalhes e guarda uma engenharia que se faz nos elementos arquitetônicos dos versos. Parece-nos que o poeta leu bem a lição de Baudelaire: as ruas como moradas do coletivo, e a influência arquitetônica com "os prédios de Corbusier, que não são nem espaçosos nem plásticos: o ar sopra através deles"[45]. As visões poéticas das cidades são muitas, e surgem no contexto em que se situa a poética de João Cabral. Além disso, o retrato da miséria

---
44 Idem, p. 83-84.
45 W. Benjamin, op. cit., p. 194.

parisiense dessa época, possivelmente, ajudou a arquitetar os versos do poeta pernambucano. As séries de poemas que recompõem sua terra, com suas águas ricas e sujas "nos mangues do Beberibe", e com seu povo sofrido, trabalham com a memória e restos de memória. Encontramos este caminho de cidades relatadas em livros como: *Agrestes* (1985), *Crime na Calle Relator* (1987) e *Sevilha Andando* (1989). O signo é mesmo a cidade e a "cidade mítica"[46].

Se, desde o *flâneur* de Baudelaire, o homem mostrava-se preocupado em demarcar seu espaço livre, sem perder de vista sua privacidade, a presença do poeta-observador que escreve as coisas vistas, listando até os mínimos detalhes de um ambiente doméstico, realiza um trabalho de memória. É bem isso que faz a memória voluntária, ela elabora um trabalho de armazenamento tendo a inteligência a seu favor. Mas a memória involuntária, esta faz um *flashback* gigantesco, que traz de volta, pelo cheiro ou pelo sabor, "o tempo fora do tempo"[47]. Desde "uma estranha xícara" drummondiana, no verso do poema "Cerâmicas", por exemplo, até "um velho cais roído", do verso cabralino no poema "O Rio", nós nos deparamos com uma espécie de espetáculo que os sentidos são chamados a captar, como se fossem quadros pintados com a escrita.

Em *O Livro por Vir*, de Blanchot, a construção sobre o enigmático *canto das sereias* colabora, uma outra vez, para a nossa compreensão sobre o escrever. É que vem de lá o que arrasta os homens para a escrita. O aspecto imaginário do ato da escrita está na voz de um outro, um outro que habita o nosso próprio imaginário desde um tempo longínquo. A expressão escolhida por Blanchot, *canto das sereias*, soma para que possamos pensar a voz de um outro (distante). E, que a coloquemos diante de nós (no aqui e agora). Esse é o movimento considerado "vertiginoso" por não suportar repouso, visto que ele

parece fixar-se num dado instante do passado real, unindo-o, numa relação de identidade cintilante, a dado momento presente; é, igualmente, para lançar o presente para fora do presente e o passado para fora da sua realidade determinada – arrastando-nos, por esta

---

[46] S. Uchoa Leite, *Crítica de Ouvido*, p. 52.
[47] M. Proust, *La Memoria Involuntaria*, p. 17.

relação aberta, cada vez para mais longe, em todas as direções, entregando-nos ao longínquo e entregando-nos o longínquo onde tudo é sempre dado, e tudo é retirado, sem cessar[48].

O movimento da obra, em Blanchot, está sugerido no trabalho de Proust com a escrita, mas pode perfeitamente ser relacionado ao trabalho cabralino nos versos destes poemas que compõem o que foi chamado de "a trilogia do ciclo das águas". As comunicações que os poemas buscam trazer ficam abertas, pois trafegam por áreas de estranheza e impressões de lembranças que não se confirmam.

O poema "O Rio" comporta uma narrativa autobiográfica. O "rio-menino" e/ou as "águas meninas" saem deixando a primeira infância e buscam caminhos do mar, caminhos novos e livres. O recurso da repetição utilizado nesses versos marca um ritmo que leva o leitor na viagem do poema, com as muitas cenas, por onde o rio passa como um filme, em ritmo monocórdio[49].

> As coisas não são muitas
> que vou encontrando neste caminho
> Tudo planta de cana
> nos dois lados do caminho;
> e mais plantas de cana
> nos dois lados dos caminhos
> por onde os rios descem
> que vou encontrando neste caminho;
> e outras plantas de cana
> há nas ribanceiras dos outros rios
> que estes encontraram
> antes de se encontrarem comigo.
> Tudo planta de cana
> e assim até o infinito;
> tudo planta de cana
> para uma só boca de usina.
>
> *Do Petribu
> ao Tapacurá*
>
> [...]

---

48 M. Blanchot, *O Livro por Vir*, p. 25.
49 Benedito Nunes percebeu no ritmo monocórdio sinais da vinculação com "o estilo oral dos cantadores, senão daquele romanceiro popular do Nordeste". J. A. Barbosa, op. cit., p. 45.

Por esta grande usina
olhando com cuidado eu vou,
que esta foi a usina
que toda esta Mata dominou.
Numa usina se aprende
como a carne mastiga o osso,
se aprende como mãos
amassam a pedra, o caroço;
numa usina se assiste
à vitória, de dor maior,
do brando sobre o duro,
do grão amassando a mó;
numa usina se assiste
à vitória maior e pior,
que é a da pedra dura
furada pelo suor.[50]

É um poema ditado, no sentido da "estratégia somente possível graças à utilização da primeira pessoa"[51], já que o rio (da escrita) e o poeta são um só: "via-me, rio, passar", no verso escrito por João Cabral. Mas podemos considerar também que o poema mesmo se dita:

Foram terras de engenho, *Outros rios*
agora são terras de usina.
É o que contam os rios
que vou encontrando por aqui.
Rios bem diferentes
daqueles que já viajam comigo.
A estes também abraço
com abraço líquido e amigo.
Os primeiros porém
nenhuma palavra respondiam.
Debaixo do silêncio
eu não sei o que traziam.
Nenhum deles também
antecipar sequer parecia
o ancho mar do Recife
que os estava aguardando um dia.[52]

---

50 *Serial e Antes*, p. 100-104.
51 J. A. Barbosa, op. cit., p. 45.
52 *Serial e Antes*, p. 98

Os versos ímpares são feitos com a mesma medida em cada estrofe (seis sílabas), e os pares têm variações. A invenção cabralina pretende criar um ritmo "assonante" e "inacabado", um ritmo "ao contrário da ladainha", conforme confessa o autor em "Depoimento" dado a Fábio Freixeiro, em 1971. A memória do poeta remonta a tempos de engenho, reconhecendo agora terras de usina, mas que – ainda assim – o poeta – abraça. Em meio às suas lembranças, estão algumas perdas vividas pela família porque no "vale do Capibaribe ficava, ainda, a usina que arruinou a família Melo"[53].

João Cabral, que chegou a confessar sua dificuldade em metrificar, exigia-se o difícil. José Castello comenta que, no poema "O Rio", essa dificuldade se deu. O poeta tentou metrificar, mas não conseguiu. O comentário de Castello é discutível, pois o poeta dá outras explicações ao fato, e coloca esse poema como tendo sido feito, propositalmente, com a forma métrica irregular. Ele escreve, então, uma espécie de verso livre, que teria uma média de números de sílabas por verso: em torno de seis a sete sílabas.

Trafegando nesse espaço aberto, nesse espaço da obra em movimento de *désoeuvrement*, os poemas "O Cão sem Plumas" e "O Rio" traçam também o estilo de um "espesso" e denso percurso poético. Os movimentos que fazem girar a linguagem por lugares (da infância ou não) – por exemplo: "quando eu era menino a família tinha mania de viver mudando de casa"[54] – podem, inclusive, nos levar a muitas outras situações de vida, a mudanças diante das quais o poeta se viu sem escolha, pois lhe foram impostas também pelo trabalho nas embaixadas brasileiras. Sobre as viagens, podemos supor que, com certeza, favoreceram o imaginário do autor, pois levaram-no a circular por outros rios, outras línguas e outras terras, em distintos países e culturas múltiplas (inclusive, com essa escrita em que passeia a métrica).

O caminho que convoca o imaginário do poeta é o mesmo que engendra algo do social com suas "verdades", portanto, que engendra o simbólico em narrativas de costumes e geografias várias. Ainda, segundo Castello, o poeta considera "O Rio"

---

53 J. Castello, op. cit, p. 118.
54 Idem, ibidem.

um poema fronteiriço à geografia, pois não se distancia muito de uma carta geográfica em versos. Para escrevê-lo, ele teria trabalhado com o mapa do rio Capibaribe ao lado, dedicado ao que tanto gostava de estudar e ler: geografia.

Certamente, ao ler Blanchot, quando este está comentando a obra de Proust, pensamos o movimento da escrita portando sinais do intemporal: uma presença solta do tempo. E podemos indagar sobre "as certezas", essas que não se tem ao escrever, porque os poetas estão lançados ao desconhecido, ao tempo perdido! No caso de João Cabral, não fica difícil afirmar que, ao escrever esses poemas, ele teria conseguido experimentar algum fragmento desse tempo "perdido" na duração não linear dos acontecimentos de sua própria vida em Recife:

> Vou pensando no mar
> que daqui ainda estou vendo;
> em toda aquela gente
> numa terra tão viva morrendo.
> Através deste mar
> vou chegando a São Lourenço,
> que de longe é como ilha
> no horizonte de cana aparecendo;[55]

*De São Lourenço
à Ponte de Prata*

Os versos nos transportam "como um barco na corrente" e na navegação. Seguem em ondas sem se deterem, dando testemunho do que desaparecia na cena descrita. É que, ao chegar ao Recife, o poeta precisa marcar detalhes do que carrega consigo na memória:

> Ao entrar no Recife,
> não pensem que entro só.
> Entra comigo a gente
> que comigo baixou
> por essa velha estrada
> que vem do interior;
> entram comigo rios
> a quem o mar chamou,
> entra comigo a gente
> que com o mar sonhou,

[55] *Serial e Antes*, p. 105-106.

e também retirantes
em quem só o suor não secou;[56]

além dos trabalhadores, que foram mastigados pelos dentes das usinas que os largaram à deriva depois de tê-los "mastigado" à vontade. Vale insistir nesse movimento, e inserir aqui alguns versos de "Porto dos Cavalos", do livro *A Escola das Facas* (1975-1980), nos quais os cheiros compõem a lembrança, que repete o que foi contado no poema "O Rio":

> o Capibaribe repete
> o que diz e contei no "Rio",
> e mais de uma vez repeti
> em poemas de alguns outros livros.
>
> Me diz de viés, não me diz:
> sua voz são os cheiros que lembram
> como Combray regressa a Proust
> quando convoca a "madalena".[57]

João Cabral não só consegue fazer aflorar no poema narrativo "a coisa-rio"[58] como a "lembrança da lembrança" na repetição reconhecida – "o tempo perdido e depois proustianamente reencontrado (*le temps retrouvé*)"[59]. O comentário de Benedito Nunes, em seu estudo cabralino, nos ajuda a destacar o que o verso traduz, pois as "madalenas proustianas" são hoje o próprio tempo reencontrado, literariamente falando. O que Proust deixou em seu testemunho de escrita consegue conferir aos versos de João Cabral um lugar de testemunho também, a partir do dito que o rio diz e não diz, pois "sua voz são os cheiros que lembram"; o rio Capibaribe é como um "cão que me segue sem temor"[60].

Tanto nos poemas "O Cão sem Plumas" (1949-1950) e "O Rio" que deslizam versos pelas águas do rio Capibaribe, como no auto de Natal pernambucano "Morte e Vida Severina", o poeta abriga seu itinerário na coluna vertebral do Nordeste, ou seja, às margens desse mesmo rio. As geografias poéticas que

---

56 Idem, p. 106.
57 *Obra Completa*, p. 460-461
58 B. Nunes, João Cabral: Filosofia e Poesia, *Colóquio/Letras*, n. 157/158, p. 44.
59 Idem, ibidem.
60 Porto dos Cavalos, op. cit., p. 460.

os compõem pintam quadros que ao leitor podem contar parte da história do rio e do migrante nordestino dessa região. Mas também introduzem a questão da morte na temática densa que irá percorrer essa obra e estabelecem, enquanto experiência com a morte e o morrer, as razões de um viver faltoso nessa experiência com o escrever.

A dificuldade em escrever aparece quando a escrita se apresenta como experiência, sendo um aspecto destacado por Blanchot na forma que nos interessa pensar. Para alguns, escrever apresenta-se como uma situação extrema e radical. É que, ao sondar o verso, ao escrever poemas, a experiência é da ordem da ausência, e

o verso escapa ao ser como certeza, [...] e vive na intimidade dessa ausência [...]quem sonda o verso deve renunciar a todo e qualquer ídolo, tem que romper com tudo, não ter a verdade por horizonte nem o futuro por morada, porquanto não tem direito algum à esperança, deve, pelo contrário, desesperar. Quem sonda o verso morre, reencontra a sua morte como abismo[61].

"Quem sonda o verso" ainda desvenda na caminhada da escrita um impossível de escrever, escrevendo-se. Procurar o verso, indagar e morrer... de forma tal que a escrita em si mesma possa vir a ser a experiência de escrever *en abyme*.

A CONSTRUÇÃO DE UMA POÉTICA PÉTREA E "A CONDIÇÃO SEVERINA"

Embora, de maneira geral, esta poética de João Cabral seja já bastante estudada no Brasil, vamos conferir ao texto, diante da noção da construção de um idioma pétreo, um lugar mais distendido, no sentido de que estamos pensando a sua lírica, em pleno século XXI, juntamente com os poetas que afirmam escrever uma poesia após a poesia. Ou seja, escreve-la diante de um impossível.

Uma poesia após Auschwitz? Daí a pergunta de Adorno: "a poesia após Auschwitz é ainda possível?" A questão foi reformulada por Primo Levi da seguinte maneira: "após Auschwitz,

---

61 M. Blanchot, *O Espaço Literário*, p. 31.

só se pode escrever poesia sobre Auschwitz," querendo dizer que não podíamos mais escrever na indiferença e na alienação em relação à condição do escritor, que, interessado pela vida, precisa ter a coragem de intervir e, por isso, criar realidades. Sim, e também interessa-nos uma poesia que pode se mostrar e se escrever, porque não está mais buscando obedecer apenas aos critérios da forma. E se escreve com sua verve, voltando-se às questões relevantes de seu tempo, como, por exemplo, no caso de João Cabral, do Nordeste e da morte de seu povo, que morre de fome. Ou melhor, uma poesia após Auschwitz é possível quando se escreve as questões pertinentes ao seu tempo, firmando uma memória e construindo poesia com "[...] palavras *impossíveis* de poemas"[62].

Vejamos: o nome é Severino e, como qualquer nome próprio, é escrito com maiúscula. É nome masculino dado em pia batismal. Mas no Nordeste há muitos Severinos, então o nome próprio ganha o plural e se torna nome comum (de muitos): Severinos. Buscando afirmar-se, o Severino de João Cabral passa a carregar, ao longo do poema, os nomes da mãe e do (finado) pai. Assim, passa a se escrever: "Severino da Maria do Zacarias", para em seguida ganhar um endereço: Severino, "lá da serra da Costela, limites da Paraíba".

O Severino, o migrante do poema de João Cabral, percorre sua jornada, pisando a sina dos que habitam aquela região, onde se morre de fome, "de fraqueza e de doença", pois que a *morte severina*, essa que é transmutada a partir de um nome próprio, "ataca em qualquer idade, e até gente não nascida".

Uma estrofe de quatro versos esclarece a questão da fome e da morte prematura do nordestino, mas dá também ao leitor a "condição severina", fundamental no poema, pois articula-a no percurso do retirante:

> E se somos Severinos
> iguais em tudo na vida,
> morremos de morte igual,
> mesma morte severina:[63]

---

62 Aqui o grifo é nosso na referência ao poema "Antiode", já introduzido antes, também com o grifo. J. C. de Melo Neto, *Serial e Antes*, p. 69.
63 *Serial e Antes*, p. 146.

A palavra, associada tanto à morte como à vida, balança nesse intervalo de um viver difícil e de um nascer buscando sobreviver. Nas tantas cenas descritas no poema reconhecemos uma "colagem ao modelo litúrgico: a anunciação do nascimento; o canto de louvor (loa) ao recém-nascido que deu 'seu primeiro grito'"[64]. É uma forma de trazer ao texto, com o recurso da liturgia, o anúncio do nascimento, um ritual em uma louvação à vida que começa.

Retomando a leitura do poema desde o seu início, temos a presença da morte anunciada com a entrada no texto de um defunto – Severino Lavrador – que é carregado em uma rede, e é o invólucro da temática a que o rio Capibaribe assiste, diariamente, inclusive, com a canção da morte cantada ao finado Severino:

> – A quem estais carregando,
> irmãos das almas,
> embrulhado nessa rede?
> dizei que eu saiba.
> – A um defunto de nada,
> irmão das almas,
> que há muitas horas viaja
> à sua morada.
> – E sabeis quem era ele,
> irmãos das almas,
> sabeis como ele se chama
> ou se chamava?
> – Severino Lavrador,
> irmão das almas,
> Severino Lavrador,
> mas já não lavra.[65]

A ironia fina de João Cabral acompanha o nome próprio deste Severino, pois que é um que lavra a dor, mas já não lavra! E a repetição do verso: "irmão[s] das almas" exagera e exalta a explicação anunciada: "Ó irmãos das almas! Irmãos das almas! Não fui eu que matei não!"

A negativa que permeia essa poética merece a nossa atenção. São as palavras do poema que nomeiam o que essa escrita

---
64 M. G. Simões, op. cit., p. 101.
65 Op. cit., p. 147.

carrega: "coisas de não". Podemos nos deter, mais dedicadamente, nesse aspecto da poética no próximo tópico deste mesmo capítulo. Mas escutemos agora o retirante, "cantando excelências para um defunto":

> – Finado Severino,
> quando passares em Jordão
> e os demônios te atalharem
> perguntando o que é que levas...
> – Dize que levas cera,
> capuz e cordão
> mais a virgem da Conceição.
> – Finado Severino, etc...
> – Dize que levas somente
> coisas de não:
> fome, sede, privação.
> – Finado Severino, etc...
> – Dize que coisas de não,
> ocas, leves:
> como o caixão, que ainda deves.[66]

A poética desse auto de Natal nunca foi reconhecida pelo autor como uma "obra maior", mas revela-se uma grande obra do ponto de vista de sua construção, parecendo ter parentesco com "a obra dos aedos populares nordestinos"[67]. Sobre os aedos, consideramos a parte histórica dos relatos contados que ficaram conhecidos com a voz dos cordelistas na literatura de cordel.

Constatamos que a linguagem poética no texto surpreende o leitor com suas metáforas vivas, como o momento de exaltação em que o recém-nascido é saudado:

> – E belo porque com o novo
> todo o velho contagia.
> – Belo porque corrompe
> com sangue novo a anemia.
> – Infecciona a miséria
> com vida nova e sadia.[68]

---

66 Idem, p.152.
67 M. G. Simões, op. cit., p. 102.
68 Op. cit., p. 179

O trabalho é sentido na força propulsora dos versos, com os lexemas: "contagia", "corrompe" e "infecciona". Todos apresentados em ordem crescente de dificuldade. Mas os três vocábulos são usados no sentido inverso do esperado, e forçam a nossa atenção, dificultando o discurso "flutual", fácil, conforme reconheceu Manuel G. Simões. É que, aqui, o que contagia traz a vida, na esperança sadia.

Compondo-se como um poema que carrega muitas vozes (o Severino, a rezadora, os dois coveiros, o morador de um dos mocambos, o mestre carpina, as duas ciganas, os vizinhos, os amigos), os tantos *severinos* que nos falam podem ser um só: o próprio escritor, um poeta (nordestino) em luta com a escrita. Daí, talvez, João Cabral ter afirmado que "Morte e Vida" é um "monólogo-diálogo", não chegando a ser um poema. Afirmando, contudo, que é "um poema que fiz um pouco com os pés"[69], o poeta tenta explicar a contradição de tê-lo incluído no volume *Duas Águas,* e comenta que o fizera desta forma porque o livro ficara muito fino para uma primeira publicação de *Obra Completa*.

De fato é um poema feito com o corpo, escrito "um pouco com os pés" e ainda assim, ou, principalmente por isso, é um texto que rabisca a sua linha de escrita via o *real* do corpo, ou melhor, com o que escapa e que surge fora do simbólico. Ouçamos:

> – Não tens mais força contigo:
> deixa-te semear ao comprido.
> – Já não levas semente viva:
> teu corpo é a própria maniva.
> – Não levas rebolo de cana:
> és o rebolo, e não de caiana.
> – Não levas semente na mão:
> és agora o próprio grão.
> – Já não tens força na perna:
> deixa-te semear na coveta.
> – Já não tens força na mão:
> deixa-te semear no leirão.
>
> [...]

---

69 Apud J. Castello, op. cit., p. 106. A afirmação foi usada para dar o tom de uma obra menor. Depois se tornou seu poema mais conhecido e apreciado.

– Despido vieste no caixão,
despido também se enterra o grão[70].

Os versos são veementes e colaboram neste fazer, escrever, cavar na materialidade de uma escrita-corpo que acontece em "língua seca de esponja". O poeta e seu texto, tanto quanto o retirante e suas perguntas inúmeras, vão deixando aflorar as questões do *escreviver,* semeando com o corpo, e almejando sobreviver a essa sua sina.

João Cabral e a Potência de Escrita em Morte e Vida Severina

Aqui vamos fazer um parêntese no texto e introduzir o também filósofo e filólogo Giorgio Agamben, no estudo que ele faz sobre a escrita e as questões implicadas no ato de escrever. O filólogo recupera Aristóteles com a seguinte definição: "Aristóteles era o escriba da natureza, cuja pluma se alimenta do pensamento"[71]. A voz de Aristóteles, recortada por Agamben, vem do léxico bizantino conhecido como Suda, e nos ajuda a perceber o caminho que João Cabral experimenta, neste ato, neste movimento de escrever com o corpo.

O decisivo na questão não é a imagem do escriba da natureza, esclarece-nos o filósofo, pois que isto já estava no ático de Sófocles, mas o fato de que o *nous,* o pensamento, se compare a um tinteiro no qual o filósofo alimenta sua própria pluma: "A tinta, as gotas de obscuridade com as quais escreve o pensamento, são o pensamento mesmo"[72]. Agamben destaca, no fato, a figura da tradição filosófica ocidental associada a um escriba, e o pensamento a um "ato de escrita", ou seja, ele faz a relação direta do pensamento com o escrever. Não sem comentar que na Grécia do século IV, antes de nossa era, a escrita em folha de papel não era a única prática (especialmente para uso privado). Escrevia-se gravando "com um buril uma tabuleta coberta de fina capa de cera"[73]. É a esse objeto que Aristóteles recorre em

---

70 Op. cit., p. 162.
71 *Preferia no Hacerlo*, p. 96.
72 Idem, p. 97.
73 Idem, ibidem.

seu exemplo, e que depois foi modificado para o sentido que está registrado no Suda, que foi a primeira enciclopédia surgida no mundo, no século x, em Constantinopla.

A imagem da *tablilla* para escrever traduz, em Agamben, a pura potência do pensamento. Mas na explicação que ele nos dá, há ainda um fragmento de texto que diz: "Toda potência de ser ou de fazer algo é sempre, de fato, para Aristóteles, ao mesmo tempo potência de não ser ou de não fazer"[74].

Encontramos nesta "potência de não" o que Agamben vai chamar de "o fio secreto" da doutrina aristotélica da potência, o que faz de toda potência, enquanto tal, uma impotência, ou seja, o pensamento existe como potência (podendo pensar ou não). Essa potência insere um lugar também à *mão do escriba*, e a todos os gestos que estão aí colocados (o movimento com a pluma, o uso da tinta e a procura pelo pergaminho). Um movimento que leva a um corpo vivo a tinta que "corre pelo pergaminho, que representa o corpo, suporte da matéria e da forma"[75]. A explicação sobre o ato de criação, que se segue no texto, desvenda-o como "um ato de inteligência, e vice-versa: todo ato de inteligência é um ato de criação, dá lugar a algo"[76].

O personagem de Melville, Bartleby, estudado por críticos literários e filósofos, para pensar algumas questões relativas à escrita, está inserido em nosso estudo a partir de algumas reflexões de Agamben. Ele, Bartleby, traduz a potência pura, enquanto a mais implacável reivindicação do nada. O escriba que deixou de escrever é a "figura extrema do nada de onde provém toda criação"[77]: um escrivão que se converteu na folha de papel em branco, conforme nos diz Agamben. Parecendo oscilar na ambiguidade da potência, Bartleby afirma um não querer fazer, e com voz firme e mansa, repete: "preferiria não fazê-lo". Aqui recuperamos também, seguindo os passos de Agamben, a fórmula "preferiria não fazê-lo" analisada por Philippe Jaworski. A fórmula que não era nem afirmativa nem negativa, podia ser percebida como uma suspensão.

---

74 Idem, p. 98.
75 A citação de Agamben é do estudioso Abulafia, que era leitor de Aristóteles nas traduções e comentários árabes. Idem, p. 99.
76 Idem, p. 100.
77 Idem, p. 111.

Bartleby não aceita nem recua, senão que avança e se retira nesse avançar. Aceitamos, inclusive, a sugestão de Deleuze; a de que a frase de Bartleby, *I would prefer not to* "abre uma zona de indiscernibilidade entre o sim e o não, entre o preferível e o não preferido"[78]. A frase de Bartleby "gira sobre si mesma sem remeter a um objeto real"[79].

Blanchot, que também analisa este movimento do não escrever, vai considerá-lo como movimento do não, ou da passividade que não é quietude passiva, pois porta algo de atividade. No caso, a passividade, inclusive, se apresenta como um movimento de marcha, ou melhor, como algo em marcha na língua, e que põe a trabalhar as nuances de uma passagem, um passo e/ou ainda uma paixão.

Na recusa que a expressão de Bartleby carrega, encontra-se, talvez, uma abdicação ou renúncia, que Blanchot vai reconhecer como "desamparo da identidade"[80], ou recusa de si, pois inaugura o desfalecimento e a perda do ser. Em todo caso, reconhece-se a perda de toda soberania, mas também a perda de toda subordinação.

Retomemos o poema cabralino "Morte e Vida Severina", que trabalha nessa tensão da escrita, no movimento do sim e do não da potência de escrever. E introduzimos os versos de Morte e Vida, a partir do momento em que:

O RETIRANTE TEM MEDO DE SE EXTRAVIAR PORQUE
SEU GUIA, O RIO CAPIBARIBE, CORTOU COM O VERÃO

> – Antes de sair de casa
> aprendi a ladainha
> das vilas que vou passar
> na minha longa descida.
> [...]
> sei que há vilas pequeninas,
> todas formando um rosário
> cujas contas fossem vilas,
> todas formando um rosário
> de que a estrada fosse a linha.

---

[78] Idem, p. 113.
[79] Idem, ibidem.
[80] M. Blanchot, *L'Écriture du Désastre*, p. 33.

[...]
Vejo agora: não é fácil
seguir essa ladainha;
entre uma conta e outra conta,
entre uma e outra ave-maria,
há certas paragens brancas,
de planta e bicho vazias,
vazias até de donos,
e onde o pé se descaminha.[81]

Se a estrada a seguir "fosse a linha", como João Cabral nos dá a dica na escrita, o poema com certeza se faria com as suas "paragens brancas", e seguiria depois de experimentar momentos vazios. Porém, é sabido que há instantes de paralisação e mesmo de risco na escrita, às vezes até de recuo. Ao começar uma frase, ou no meio dela, há espaços de silêncios, que logo a seguir se fecham com o início de uma outra frase ou de uma palavra apenas. Nesses momentos, o pé da escrita pode vir a se *descaminhar* e se perder. No poema *Morte e Vida Severina*, João Cabral traz a imagem do pé que escreve e afirma o desejo de continuar a escrever. Diferentemente de Bartleby, o poeta não para, ele experimenta a escrita em suas muitas forças:

Não desejo emaranhar
o fio de minha linha
nem que se enrede no pelo
hirsuto desta caatinga.[82]

O *rio* da escrita ou o rio-poeta continuam sendo "o caminho mais certo, / de todos o melhor guia", pois se coloca também o espaço por onde João Cabral se põe a conhecer as várias entradas/estradas que perseguem o poema em obra. Ele escolhe e insiste cantando excelências para o defunto, enquanto "vai parodiando as palavras dos cantadores". Talvez, esta seja a forma que o poeta encontra para fazer a sua homenagem ao retirante nordestino, mas também pode ser a maneira de insistir *nesta forma* (a do poema em prosa e com muitas vozes), pois que a viagem estava sendo longa e o cansaço não podia paralisá-lo:

---

81 Op. cit., p. 150-151.
82 Idem, p. 151

CANSADO DA VIAGEM O RETIRANTE PENSA INTERROMPÊ-LA
POR UNS INSTANTES E PROCURAR TRABALHO ALI ONDE SE
ENCONTRA

> – Desde que estou retirando
> só a morte vejo ativa,
> só a morte deparei
> e às vezes até festiva;
> só morte tem encontrado
> quem pensava encontrar vida,
> e o pouco que não foi morte
> foi de vida severina
> (aquela vida que é menos
> vivida que defendida,
> e é ainda mais severina
> para o homem que retira).[83]

Interromper a escrita? Na verdade, "parar aqui eu bem podia", nos sopra um dos versos. A questão colocada no texto é pertinente durante o trabalho de escrever. E a reflexão estabelece a regra primeira: seguir, persistir, cavar, cavar...

As afirmações dessa luta na terra-folha-de-papel se fazem claras até no momento em que o retirante se aproxima da Zona da Mata, onde a terra é mais doce em meio aos rios que a cortam. Lemos:

O RETIRANTE CHEGA À ZONA DA MATA, QUE O FAZ PENSAR,
OUTRA VEZ, EM INTERROMPER A VIAGEM

> Quem sabe se nesta terra
> não plantarei minha sina?
> Não tenho medo da terra
> (cavei pedra toda a vida),
> e para quem lutou a braço
> contra a piçarra da Caatinga
> será fácil amansar
> esta aqui, tão feminina.[84]

---

83 Idem, p. 152-153.
84 Idem, p. 158.

Há uma série de "monólogos-diálogos" incrivelmente reais da vida do nordestino, e nos hábitos mais recônditos da caatinga. Aqui, neste momento do poema, João Cabral dá a chave de sua luta com a escrita, anunciando que o retirante pensara em interromper a viagem, outra vez.

Interromper a Escrita?
"– Já não tens força na mão"

Nesse costume de enterrar os defuntos com ladainhas e rezas que contam sobre a vida difícil em terras áridas (por que morreu? de que morreu? etc.) está parte da história de nosso Nordeste. E as falas dos coveiros acontecem entrecruzadas ou são conversas paralelas, dando lugar a hábitos quase sagrados. O texto se torna fragmentado e híbrido, pois carrega muitos outros textos (diálogos, cantigas) dentro do poema. Nesse espaço, que o poeta consagra à realidade nordestina, permanecemos com a fina frequência que oscila entre a vida e a morte dos severinos, e encontramos a memória que se monta nesse contexto histórico-geográfico de nosso imenso país:

ASSISTE AO ENTERRO DE UM TRABALHADOR DE EITO
E OUVE O QUE DIZEM DO MORTO OS AMIGOS
QUE O LEVARAM AO CEMITÉRIO

– Viverás e para sempre
na terra que aqui aforas:
e terás enfim tua roça.
– Aí ficarás para sempre,
livre do sol e da chuva,
criando tuas saúvas.
– Agora trabalharás
só para ti, não a meias,
como antes em terra alheia.
[…]

– Trabalharás numa terra
que também te abriga e te veste:
embora com o brim do Nordeste.

> – Será de terra
> tua derradeira camisa:
> te veste, como nunca em vida.
> – Será de terra
> e tua melhor camisa:
> te veste e ninguém cobiça.
> – Terás de terra
> completo agora o teu fato:
> e pela primeira vez, sapato.[85]

O sertanejo retirante, conhecido em textos romanceados, como os de Ariano Suassuna ou os de Graciliano Ramos[86], por exemplo, está aqui vestido "com o brim do Nordeste" e tem na terra a "derradeira camisa". A mistura temática é entre o viver e o morrer, o homem e o grão. E nos versos incrivelmente fortes de nossa língua encontramos o lugar do *Severino,* fincado bem junto à terra:

> – Como és homem
> a terra te dará chapéu:
> fosses mulher, xale ou véu.
> – Tua roupa melhor
> será de terra e não de fazenda:
> não se rasga nem se remenda.
> – Tua roupa melhor
> e te ficará bem cingida:
> como roupa feita à medida.
>
> – Esse chão te é bem conhecido
> (bebeu teu suor vendido).
> – Esse chão te é bem conhecido
> (bebeu o moço antigo).
> – Esse chão te é bem conhecido
> (bebeu tua força de marido).
> – Desse chão és bem conhecido
> (através de parentes e amigos).
> – Desse chão és bem conhecido

---

85 Idem, p. 159-160.
86 Sobre o romance *Vidas Secas* de Graciliano Ramos, lembramos que o personagem Fabiano "aparecera como um bicho, entocara-se como um bicho, mas criara raízes, estava plantado". E, capaz de vencer dificuldades, "os seus pés duros quebravam espinhos e não sentiam a quentura da terra". *Vidas Secas,* p. 21-22.

(vive com tua mulher, teus filhos).
– Desse chão és bem conhecido
(te espera de recém-nascido).[87]

Em uma espécie de romaria da morte, o poeta homenageia o chão nordestino e seu habitante, o Severino. De tal forma o texto poético caminha nesse auto de Natal, que fica difícil crer que João Cabral o desconsidere. A forma dramática condensada no livro-poema guarda o teor social de sua poética e, ao mesmo tempo, incorpora na linguagem, ela mesma, falando da impossibilidade de falar. Depois, somente em "Auto do frade", de 1984, o poeta dará espaço a outra escrita dramática, com um frade que medita sobre a morte: "Eu sei que no fim de tudo / um poço cego me fita".

João Cabral, que chegou a ser reconhecido como "guardador de sepulturas", segundo o ensaísta Vecchi, não evoca o passado, mas busca

exumá-lo e re-exumá-lo com toda a sua corrosão e resíduos e reconstruí-lo a partir deles num gesto que os reinscreve noutros objetos, traduzindo-os para os conservar. Neste quadro, nesta cripta poética, que não é excesso, mas tópica "realitária", o Recife morto não só se evoca do passado ou se enxerta no presente, mas testemunha como resto no Recife novo, a cidade morta re-vive na cidade viva, tal como o Recife vivo dá corpo, forma, voz e sentido ao Recife morto através de um acto de autor que o reconfigura na perda e na subtracção[88].

Assim, *Morte e Vida Severina* é um poema que traz um testemunho, em que a cidade de Recife pode surgir "como o que resta" da catástrofe de um tempo. Uma cidade que se escreve nesses restos pernambucanos, em meio às canas e às usinas de açúcar, e que se escreve não apenas na palavra como no silêncio, ou na morte que se escreve na vida… mas se escreve.

Neste poema, encontramos provas da luta travada no texto e o desejo de continuar. Não é só o Severino que insiste em sobreviver, é João Cabral, o poeta, que realiza seu *lavoro* às vezes "sem força na mão". Por certa incapacidade de falar ou

---

87 *Morte e Vida Severina*…, p. 161.
88 Op. cit., p. 197.

escrever, por um sentimento de vazio, o poeta se vê ameaçado ao dizer as palavras que procura. A linguagem é atingida, e ele traduz sua própria angústia, colocando-a na mão cansada, desconfortável ao escrever.

Vimos que a tentativa cabralina apresenta, na "falta de tudo" dessa vida severina, uma operação que apela também ao ritmo que tropeça no mundo físico da linguagem, em uma composição tipográfica feita com pontos, vírgulas, dois pontos e parênteses, ou seja, com recursos que trazem a presença material ao texto poético. Aspectos da linguagem que também caracterizam o intraduzível desse despojamento dado pela vida do poema, que quase não vinga, nessa intenção em que a poesia liga uma impossibilidade (a de tudo dizer) a uma condição; a "condição severina". Essa que permitiu ao poeta escrever frequentando "a pedra", na experiência silenciosa e próxima do morrer.

SÉRIE NEGATIVA E "COISAS DE NÃO"

Da série negativa, no encadeamento que a obra cabralina mostra ao longo de seu percurso, encontramos as palavras negativas (não, nunca, nenhum, nada, sem) que aparecem com bastante frequência, traduzindo objetos e traços ausentes. Marta Peixoto esclarece que "ao conceito já negativo da morte, agregam-se outras negações"[89], construindo assim, na linguagem poética, a série "coisas de não". Essa relação negativa e suas sequências nos possibilitam encontrar a série "cemitérios", que inaugura o que há de mais seco e árido na obra cabralina.

A existência dessas séries temáticas estende-se de poema a poema. Escritos a partir de *Paisagens com Figuras* (1954-1955) e de *Quaderna* (1956-1959), além de *Dois Parlamentos* (1958-1960) e *Agrestes* (1981-1985), estes poemas apresentam João Cabral em sua ironia radical: "Talvez veja no defunto / coisas não mortas de todo". E na tensão de uma ironia que trabalha com a negação e a recusa, nos esclarece a portuguesa Maria Andresen de Souza Tavares, o poema "Cemitério Pernambu-

---

[89] *Poesia com Coisas*, p. 164.

cano (São Lourenço da Mata)", por exemplo, comparece com sua crueza:

> É cemitério marinho
> mas marinho de outro mar.
> Foi aberto para os mortos
> que afoga o canavial.
>
> As covas no chão parecem
> as ondas de qualquer mar,
> mesmo as de cana, lá fora,
> lambendo os muros de cal.
>
> Pois que os carneiros de terra
> parecem ondas do mar,
> não levam nomes: uma onda
> onde se viu batizar?
>
> Também marinho: porque
> as caídas cruzes que há
> são menos cruzes que mastros
> quando a meio naufragar.[90]

Os versos do poema acima reafirmam a presença da morte na sina do nordestino que habita terras difíceis de semear. Em São Lourenço da Mata, na cena que apresenta o canavial balançando sua beleza ao vento, e nas muitas covas, em montinhos de terra elevados, conforme é comum na região, mostram-se, inclusive, "as caídas cruzes que há". Essas cruzes são menos cruzes que mastros, pois nas ondas de terra desse cemitério não há nomes, já que há uma quantidade tão grande de mortos que se torna impossível nomeá-los.

Em João Cabral, com sua "poética da negatividade" pela frequência como são reiteradas as expressões de negação – *des, sem, não, nada* –, há uma acumulação e um reforço, colocados ora na ideia de agudeza, ora na ideia de vazio. Alguns poemas expressam a busca desse vazio, ao mesmo tempo que afirmam a negação ou a negatividade na rudeza do cenário, no

---

90 *Serial e Antes*, p. 130.

deserto, no *cante sem*, como no poema "A Palo Seco", onde "a palavra, o *cante*, é sobre *nada*"[91]:

3.1 A *palo seco* é o *cante*
de todos mais lacônico,
mesmo quando pareça
estirar-se um quilômetro:

enfrentar o silêncio
assim despido e pouco
tem de forçosamente
deixar mais curto o fôlego.

[...]

3.3 A *palo seco* é o *cante*
de caminhar mais lento:
por ser a contrapelo,
por ser a contravento;

é *cante* que caminha
com passo paciente:
o vento do silêncio
tem a fibra do dente.[92]

Aqui, o significante "dente" faz trabalhar e surpreende a nossa leitura. O ritmo dos versos se arranja, deixando o fôlego curto: *a contravento*. A ideia pode ser a de levar o leitor a sentir os pés batendo no chão duro, e a boca seca. Nesse apego ao negativo, na constante ocorrência da palavra "não", há o que pode ser reconhecido também no apego ao construtivo (com as palavras secura, nada, e vazio, porque elas passam a ser "os seus materiais de construção")[93].

Benedito Nunes irá reconhecer a superfície das "coisas em estado de palavras", quando essas se apresentam em "estado de coisas". É exatamente isso que este autor chama a "mineralização da linguagem", que busca estabelecer uma equivalência entre palavra e coisa, e que nos interessa especialmente.

---

91 M. A. de Souza Tavares, op. cit., p. 316.
92 *Serial e Antes*, p. 233-234.
93 M. A. de Souza Tavares, op. cit., p. 323.

Benedito Nunes atesta, na depuração e esvaziamento (operações de retração), operações que sustentam a poética cabralina. Os muitos objetos concretos são realçados, como se sabe, por "propriedades negativas"[94].

É com João Alexandre Barbosa, porém, que encontramos a negatividade "não como recuo, mas como recusa a partir da qual é possível repensar os dados da criação"[95]. Lemos:

> Só que nas covas caieiras
> nenhuma coisa é apurada:
> tudo se perde na terra,
> em forma de alma, ou de nada.[96]

"Nenhuma coisa é apurada" na perda que a vida do Nordeste estabelece na seca, intransponível para aqueles que ali vivem. A recusa estabelece um grau de intensidade maior e podemos pensá-la em referência à escrita.

Sobre a recusa de escrever, muito mais que uma questão radical na negatividade cabralina, podemos, outra vez, levantar a questão de Bartleby: "*I would prefer not to*", ou seja, associá-la ao não escrever como um desejo (na existência de um poder de escrever, em que não há o ato). No caso de João Cabral, a recusa é a de escrever fácil. Pois há um esforço continuado do ato de escrever, buscando o difícil. Até mesmo na escrita epistolar tal movimento de escrita é comentado por ele, que se nega a dizer de si, ou diz pouco e quase nada.

João Cabral, segundo a ensaísta Souza Tavares, faz "aliança entre negação ou recusa"[97], nos versos em que também se integra uma ironia próxima ao grotesco ou ao sarcasmo. O poema "Duas das Festas da Morte" já no título carrega este tom de ironia:

> Piqueniques infantis que dá a morte:
> os enterros de criança no Nordeste:
> reservados a menores de treze anos,
> impróprios a adultos (nem o seguem).

---

94 Idem, ibidem.
95 J. A. Barbosa, apud M. A. de Souza Tavares, op. cit., p. 324.
96 Cemitério Pernambucano (Custódia), *Serial e Antes*, p. 230.
97 M. A. de Souza Tavares, op. cit., p. 324.

Festa meio excursão meio piquenique,
ao ar livre, boa para dia sem classe;
nela, as crianças brincam de boneca,
e aliás com uma boneca de verdade.[98]

A morte, podendo ser identificada ao *nada,* impregna, na denúncia desse momento final, certo sarcasmo para além do irônico. Parece que se enreda o "jogo conceptual em que intenção satírica, ironia e sintaxe expositiva e argumentativa se intensificam mutuamente"[99]. O jogo é com as palavras e o brincar é com a morte mesma.

Importam também para o nosso estudo as palavras portando a estranheza em imagens contraditórias. Por exemplo, "os enterros de crianças no Nordeste", lá, nessa terra, "nela, as crianças brincam de boneca, / e aliás com uma boneca de verdade"[100]. O morto, que para a infância está na referência àquele que desaparece, aqui encontra na brincadeira de boneca uma forma lúdica de despedida. É sabido que, entre os pobres do Norte e Nordeste, os enterros de crianças são saudados como enterros de anjos (algumas crianças, inclusive, estão presentes vestidas de anjos).

Os cemitérios, que estão listados ao longo da obra do poeta, comparecem no livro *Paisagens com Figuras*[101] e em quatro momentos do livro *Quaderna*[102]. E reaparecem no longo poema "Congresso no Polígono das Secas (ritmo senador; sotaque sulista)". São imagens que cruzam destinos distintos e apresentam ao leitor a temática da morte e do vazio:

– Cemitérios gerais
onde não se guardam os mortos
ao alcance da mão, ao pé,
à beira de seu dono.[103]

---

98 *A Educação pela Pedra e Depois*, p. 5.
99 M. A. de Souza Tavares, op. cit., p. 324-325.
100 Duas das Festas da Morte, op. cit., p.5.
101 E os poemas são: Cemitério Pernambucano (Toritama); Cemitério Pernambucano (São Lourenço da Mata); Cemitério Pernambucano (Nossa Senhora da Luz).
102 Neste livro, as quatro composições são: Cemitério Alagoano (Trapiche da Barra); Cemitério Paraibano (Entre Flores e Princesa); Cemitério Pernambucano (Floresta do Navio) e Cemitério Pernambucano (Custódia).
103 *Serial e Antes*, p. 258.

Benedito Nunes assinala que:

> À luz da depuração e do esvaziamento, tópicos de uma *poética negativa*, o que antes era resíduo, produto de criação misteriosa, transplantado à superfície mineral da folha em branco, é a natureza própria das coisas – quando em estado de palavras – e das palavras quando em estado de coisas[104].

A depuração e o esvaziamento, operações de uma poética negativa, permanecem na poesia de João Cabral, sustentando uma distância entre o sujeito e o objeto de que se fala. Mais para o final de sua obra, no livro *Agrestes*[105], dedicado a Marianne Moore, o tema da morte e dos cemitérios reaparece na cidade, no poema "Cemitérios Metropolitanos", com o bairro de Copacabana usado de forma inusitada:

4

É porque a morte nos sepulta,
sem perguntar, à força bruta,

nas organizações urbanas
traçadas em copacabanas,

de onde o vivo volta sedento
e o morto é a fresta no cimento.[106]

Agora, são os dísticos afirmativos, em ritmo de oito sílabas, conforme o gosto cabralino, que trazem a insistência desse temor que o acompanhará até o final. Mas, a expressão de negação "sem" persiste, e confirma o lugar do vivo "sedento" de vida.

Em relação ao negativo, é o ensaísta e poeta Jean-Marie Gleize quem esclarece um aspecto da obra do poeta Francis Ponge, de forma tal que fica mais simples pensar esta questão. Pois, se Ponge vai abrir em sua escrita uma possibilidade de dizer "não" às coisas já escritas antes dele, vai também dizer "não"

---

104 *João Cabral de Melo Neto*, p. 54.
105 O livro contém ainda o poema "Cemitério na Cordillheira".
106 *A Educação pela Pedra e Depois*, p. 273.

ao que é escrito por ele mesmo em diferentes momentos de seu trabalho, como se buscasse sempre ir um pouco mais além. De forma semelhante, João Cabral vai trabalhar com a negatividade, buscando na invenção algo mais do que o que encontra na criação: um passo a mais, um passo em direção ao novo, dizendo "não" ao que é conhecido e fácil ou, apenas, já dito.

3. A Materialidade da Escrita de João Cabral

e algumas aproximações com a poética de Francis Ponge

JOÃO CABRAL E FRANCIS PONGE:
SOBRE OS POEMAS DA "CABRA"

Escrever um poema tendo como objeto um animal – a cabra –, resgatando os fios da memória, foi a tarefa à qual se lançaram dois grandes poetas contemporâneos: o brasileiro João Cabral de Melo Neto e o francês Francis Ponge. Cada qual com sua forma de escrita, quem sabe motivados pela fábula de La Fontaine, ou simplesmente depois de olhar o céu e vislumbrar a constelação de Capricórnio, esses dois poetas escreveram, com poucos anos de diferença entre seus poemas, duas obras poéticas fortes e bem representativas de sua produção literária.

Lemos a experiência de escrita na "cabra-poema" desses dois poetas críticos, procurando ressaltar os aspectos semelhantes dessa prática, que se dedica ao objeto e à questão da materialidade, tanto quanto observamos as diferenças entre as duas poéticas. Cada um dos dois poetas, mesmo tendo passado a infância e parte da vida em continentes tão diversos como América do Sul e Europa, e em ambientes tão distintos, embora neles se constatem algumas semelhanças, como os solos áridos e/ou pedregosos, nos apresenta a sua cabra-objeto-poema, ou seja, a cabra enquanto objeto textual.

O objeto-cabra que Francis Ponge observa e sobre o qual escreve é bem presente em sua memória e ele mesmo afirma, com emoção, que poderia perfeitamente descrever, uma a uma, as cabras que ele viu durante suas férias. O poeta faz referência a um tempo de férias, em que viveu nas montanhas do mediterrâneo com a mulher Odette. Lá, conviveu com as cabras em seus passeios a pé: "eu sei perfeitamente, exatamente, eu posso, eu poderia descrever exatamente, e datar as cabras sucessivas [...] eu poderia descrever, eu poderia fazer disso um quadro se fosse pintor, eu poderia descrever isso, exatamente o lugar, a cena etc."[1]

O quadro a que o poeta alude e diz poder fazê-lo, nós o encontramos em alguns versos do poema "La Chèvre":

> De fato, é bem assim que a cabra nos aparece com frequência na montanha ou nos cantões deserdados da natureza: pendurada, farrapo animal, às moitas, farrapos vegetais, penduradas elas mesmas àqueles farrapos minerais que são as rochas abruptas, as pedras recortadas.
>
> E, sem dúvida, ela nos parece tão comovente por ser somente, de um certo ponto de vista, apenas isto: um farrapo falível, um andrajo, um acaso miserável; uma aproximação desesperada; uma adaptação um pouco sórdida às contingências também sórdidas; e quase nada, finalmente, senão fiapos[2].

Podemos também encontrar, na cena apresentada, uma outra cena inscrita com as letras que dão a ver um "quadro" de natureza textual. Abrindo, então, outro sentido ao texto, o poema pode, inclusive, pela dedicatória que contém (pois é dedicado à mulher Odette), trabalhar e traduzir os atributos da feminilidade. Dessa forma, a paisagem que o poema "La Chèvre" descortina para o leitor exibe mais de uma face. Uma delas, claramente dada pela descrição da cabra colocada sobre a montanha, alimentando-se e saltando obstáculos. E a outra obtida pela cabra textual, que se torna cabra-objeto.

---

1 Apud G. Lavorel, *Francis Ponge Qui suis-je*, p. 74.
2 *Oeuvres complètes*, v. I, p. 807.

Um trabalho realizado no poema que confirma a luta do poeta (também aqui metaforizado em animal) com seus versos. As duas cabras, distintas, compõem o cenário textual que Ponge estabelece. "A cabra textual tornou-se agora a cabra-objeto, o texto tornou-se (o)objeto, o texto é (o)objeto"[3].

A própria cabra, portanto, coloca-se em luta nos rochedos contra os quais é lançada. Então, a cabra vai constituindo-se, neste trabalho, em luta. De um lado, há um paralelismo que Thomas Aron reconhece como se a natureza e as palavras carregassem uma espécie de metaforização, na referência a uma metaforização *en-abyme,* cuja sugestão final pode estar associada ao homem, este animal perfeito e imperfeito em si mesmo. E, de outro lado, o momento de leitura se impregna dessa espécie de confusão entre palavras e coisas.

"Poema(s) da Cabra"

O poeta brasileiro, de sua parte, escreveu "Poema(s) da Cabra" no espaço entre 1956 e 1959. Publicados no livro *Quaderna*, dedicado ao poeta Murilo Mendes, João Cabral apresenta a sua "cabra" às margens do mediterrâneo, onde "não se vê um palmo de terra", que não seja pedra. Na época, ele trabalhava em Marseille, como adido cultural na embaixada do Brasil na França, e a cabra cabralina nasce, portanto, nessa paisagem pongiana.

João Cabral parece olhar a cabra do mediterrâneo (na região de Marselha) e, ao mesmo tempo, encontrar a cabra nordestina – de sua terra distante – escrevendo-a, e nos apresentando o que vive "debaixo do homem do Nordeste". Enquanto traduz a luta de sua escrita em terras íngremes, com as consoantes que sobem e descem quais cabras montanhesas, o poeta perfila sonoridades pedregosas. Lemos:

> *Nas margens do Mediterrâneo*
> *não se vê um palmo de terra*
> *que a terra tivesse esquecido*
> *de fazer converter em pedra.*

[3] T. Aron. *L'Objet du texte et le texte-objet, la chèvre de Francis Ponge* , p. 56.

> *Nas margens do Mediterrâneo*
> *Não se vê um palmo de pedra*
> *que a pedra tivesse esquecido*
> *de ocupar com sua fera.*
>
> *Ali, onde nenhuma linha*
> *pode lembrar, porque mais doce,*
> *o que até chega a parecer*
> *suave serra de uma foice,*
>
> *não se vê um palmo de terra,*
> *por mais pedra ou fera que seja,*
> *que a cabra não tenha ocupado*
> *com sua planta fibrosa e negra.*[4]

O poema se inicia com um preâmbulo – as primeiras quatro estrofes – em que a cabra-cabralina dá os possíveis primeiros sinais das leituras de João Cabral sobre Ponge, pois "a cabra" é negra, quase azul, e caracteriza-se pela cor, pela proximidade com o que é pobre, cinzento e fosco, diferentemente da cabra nordestina que é branca, ainda que pobre, cinzenta e fosca. É um poema escrito em um conjunto de quatro estrofes, com quatro versos cada uma, como é frequente na poesia de João Cabral, que se mostra em blocos arquitetados, com uma construção de ritmos e paisagem. O poema constrói-se na página em nove partes mais duas – a abertura e a conclusão – e, assim como começa, termina, como se o poeta estivesse abrindo e fechando uma conversa com o leitor (quase em voz baixa).

Os significantes "pedra" e "cabra", comuns a ambos os poetas, Ponge e João Cabral – além da dedicação ao que é "pedra", e que movimentam metaforicamente a própria linguagem, no sentido da densidade das coisas, do próprio objeto –, apresentam-se nos seguintes versos de João Cabral:

6

> Não é pelo vício da **pedra**,
> por **pre**ferir a **pedra** à folha.
> É que a **ca**bra é expulsa do **ver**de,
> **tra**ncada do lado de fora.

---

[4] *Serial e Antes*, p. 239.

A cabra é trancada por dentro.
Condenada à caatinga seca.
Liberta, no vasto sem nada,
proibida, na verdura estreita.[5]

Aqui, a cabra, que prefere a pedra à folha, desloca algum sentido que também pode estar contido na escrita poética. Um "vasto sem nada" pode ser metáfora da página em branco, e a "cabra" é também letra (na sonoridade das consoantes: br) – pensada como matéria de língua "na verdura estreita" da linguagem. O acúmulo das consoantes nos versos: br, dr, tr, rd e pr repete "na camada fônica do poema a equação cabra-pedra"[6].

A quadra como divisão escolhida pelo poeta traduz a estrutura que obedece a um plano arquitetônico. A escrita de João Cabral movimenta-se em blocos (com repetições girando para serem vistas, ouvidas e sentidas sob vários ângulos), como os pintores cubistas faziam, ao pintarem suas telas.

Segundo a leitura de Marta Peixoto, a pedra está inserida em uma paisagem pedregosa, que evoca a noção de vida dura e também a da própria dor. A referência alude à "vida severina", à vida do Nordeste brasileiro, região onde o poeta nasceu. Acrescentamos, ainda, que o assim chamado nordestino – o Severino – se mostra tão "capaz de pedra" quanto a cabra, que também pode ser lida como o próprio poeta em luta com sua escrita *severina*.

João Cabral pode ser apreciado especialmente nesse seu "Poema(s) da Cabra", como também em relação a Ponge, que "encara a própria palavra como coisa", ao firmar a estrutura medular de sua poética. Nesses versos, encontramos "esse esqueleto mais de dentro: / *o aço do osso*, que resiste":

É, literalmente, cavar
a vida sob a superfície,
que a cabra, proibida de folhas,
tem de desentranhar raízes.

Eis por que é a cabra grosseira,
de mãos ásperas, realista.

5 Idem, p. 242 (grifos meus).
6 M. Peixoto, *Poesia com Coisas*, p. 153.

Eis porque, mesmo ruminando,
não é *jamais contemplativa*.

[...]

E é outra ossatura mais forte
que o esqueleto comum, de todos;
debaixo do próprio esqueleto,
no fundo centro de seus ossos.

A cabra deu ao nordestino
esse esqueleto mais de dentro:
o aço do osso, que resiste
quando o osso perde seu cimento.[7]

As palavras, nos versos, "têm de desentranhar raízes" e buscar "*o aço do osso*, que resiste". Revelam, ainda, a força de uma escrita marcadamente nordestina, que amplia o sentido da "coisa" – escrita, pois resiste. A escrita cabralina, dessa forma, alarga o sentido da materialidade da palavra, além de nos levar para algo também de uma memória nordestina que mora no poeta, e se conjuga nessa imagem-paisagem de um "esqueleto mais de dentro". A paisagem cabralina nomeia-se no esqueleto "quando o osso perde seu cimento", quando perde sua carne, quando as mãos que escrevem são "mãos ásperas" que desentranham raízes.

Se fizermos alguma aproximação entre os poemas cabralinos, por exemplo "Um Cão sem Plumas" e "Poema(s) da Cabra", iremos constatar que João Cabral escreveu o livro *Um Cão sem Plumas*, de 1949 a 1950, e escreveu *Quaderna*, onde está "Poema(s) da Cabra", de 1956 a 1959. Logo, em tempos bastante próximos, solidificando o esqueleto de sua obra, ele apresenta-nos o processo de construção de sua poética.

Assim, percebemos o ritmo de um poeta-sapateiro que bate seu martelo, pena, caneta, e diz:

> §   E jamais o vi ferver
> (como ferve
> o pão que fermenta).

[7] Op. cit., p. 243-244.

Em silêncio,
o rio carrega sua fecundidade pobre,
grávido de terra negra.

§ Em silêncio se dá:
em capas de terra negra.
em botinas ou luvas de terra negra
para o pé ou a mão
que mergulha.⁸

Em "Poema(s) da Cabra", ele escreve:

7

A vida da cabra não deixa
lazer para ser fina ou lírica
(tal o urubu, que em doces linhas
voa à procura da carniça).⁹

Tanto em um poema como no outro, a força do ritmo dos versos escande fortemente as sílabas e carrega o difícil desse *lavoro* que escapa da lírica fácil, pois, em silêncio e na fecundidade pobre, a cabra, da escrita cabralina, "tal o urubu", trabalha sem lazer.

Favorecido então pelo ritmo "cabra", e parecendo que aqui João Cabral se aproxima do que Francis Ponge nomeou a criação de um novo idioma, o poeta escolheu o tom e construiu seu poema-cabra, associando "à 'personalidade criadora' a 'personalidade crítica'"¹⁰. Na labuta daquele que faz tropeçar as palavras no papel, João Cabral caminhou com a cabra como se fosse "um instrumento" de sua poética. Trabalhou duro mesmo, em versos de negatividade e força semântica.

5

A cabra é o melhor instrumento
de verrumar a terra magra.
Por dentro da serra e da seca
nada chega onde chega a cabra.

8 *Serial e Antes*, p. 74-75.
9 Idem, p. 243.
10 M. Collot, *Francis Ponge: Entre mots et choses*, p. 54.

> Se a serra é terra, a cabra é pedra.
> Se a serra é pedra, é pedernal.
> Sua boca é sempre mais dura
> que a serra, não importa qual.[11]

Os versos têm o ritmo da aliteração "r", de cabra comendo, roendo raízes. Qual a cabra, portanto, João Cabral *martela* palavras-coisas, e "nunca muda de compasso"[12]. Escreve versos sem, versos nada, na negatividade da língua onde roem sonoridades de pedra.

De acordo com Modesto Carone, em seu estudo sobre a poética de João Cabral e Paul Celan, a pedra-cabra-cabralina é reconhecida dando sinais de força de escrita, no trabalho do ritmo sintático e com a língua. Percebemos, em "Pequena Ode Mineral", versos que traduzem "a possibilidade de um poema que fosse, como a pedra"[13]:

> Procura a ordem
> que vês na pedra:
> nada se gasta
> mas permanece.
>
> [...]
>
> Nem mesmo cresce
> pois permanece
> fora do tempo
> que não a mede,
>
> pesado sólido
> que ao fluido vence,
> que sempre ao fundo
> das coisas desce.[14]

Um poema que vence a fluidez da linguagem e amarra-se ao pesado e sólido. "A vontade de petrificar", em João Cabral,

---

11 Op. cit., p. 241-242.
12 O Relógio, *Serial e Antes*, p. 319.
13 M. Carone, *A Poética do Silêncio*, p. 96.
14 *Serial e Antes*, p. 49-50.

com o que o levou a construir sua poética, cumpre "a decisão de despersonalizar a linguagem lírica"[15], e realiza

A correlação de mineralização, impessoalidade, distância e silêncio, consequentes ao esvaziamento e à depuração de uma linguagem lançada na tarefa de veicular uma percepção mais diferenciada de si própria (e do mundo em que se vê inscrita no ato mesmo de se articular)[16].

É dessa forma que Carone analisa a poética de João Cabral, como um certo ato de fazer poemas com base na fórmula pedra/minério/impessoalidade/distância e silêncio. Parecendo colocar uma equação que associa linguagem antilírica a pedra/distância e silêncio.

Importa contar que *Quaderna*, livro onde se encontra o "Poema(s) da Cabra", foi publicado primeiro em Portugal, a convite de Alexandre O'Neill, no período em que o poeta estava em Marselha, e traduz bem essa tarefa. Tarefa de procura e de solidez de quem não desvia o olhar da criação, e de quem, vendo ao redor, toma a paisagem da página em branco e descreve algo do que o rodeia. Tarefa também de depuração da linguagem, com uma percepção que mantém distância e cristaliza a "palavra escrita". Cristaliza, tornando-a minério, pedra. De fato, ainda podemos acrescentar que, na pedra cabralina, se encontra a ideia de fragmentação implícita na leveza da pluralidade da palavra com suas inúmeras variáveis: cascalho, pó, tijolo, cimento etc. Tudo isso, em oposição ao peso de uma grande quantidade desses materiais e ao peso de resistência que a significância da palavra porta.

Quando o Objeto é a Poética

Ponge foi um poeta que levou muito a sério o jogo com as palavras. Teorizou sobre o *objeu* (objeto que se reporta a um fora "ob" – ao mesmo tempo em que, de forma paradoxal, está inserido no jogo da linguagem). Nos reportamos, porém, à explicação

15 M. Carone, op. cit., p. 96.
16 Idem, ibidem.

que nos dá Christian Prigent para considerar que os objetos não são as coisas, desmontando a ideia de que Ponge é o poeta dos objetos. Esclarece, ainda, o ensaísta e estudioso da obra pongiana que "Ponge é o poeta da distância das coisas e de seu engendramento poético na linguagem mesma que sua distância força à estranheza"[17]. Na expressão do poeta, percebemos que um *"objeu"* é algo entre o objeto e o jogo ("jeu") e "permite ficar com as duas coisas: o inventário do mundo e 'a jogada de linguagem'"[18].

O poeta Francis Ponge nasceu em Montpellier (região de Languedoc), na França, em 27 de março de 1899. Viveu parte da infância em Nîmes, a cidade mais romana da França, e começou a escrever estimulado pelo pai, que lhe presenteou com o dicionário de Émile Littré, e por um tio, que também escrevia. Em 1923, depois da morte de seu pai Armand Ponge, a família se mudou para Paris. Nesta época, o poeta se queixava que escrevia pouco, nas horas vagas, sempre depois que voltava do trabalho como secretário de publicação na NRF (*Nouvelle Revue Française*). Em Paris, seu espaço de criação situava-se na rua Lhomond, (onde ele morava com sua mãe) e as ferramentas mínimas que faziam parte do cenário de sua escrita sempre foram as letras do alfabeto colocadas na parede, o *Littré*[19] sobre a mesa e o seu caderno de notas. Ele perseguiu, ao longo de sua vida de escritor, uma pesquisa pessoal que o inseriu no seio das questões filosóficas e literárias de sua época.

Ponge se coloca diante de um novo "idioma" (como recurso poético), em uma ampla variedade de poesia de circunstância, na qual os objetos do cotidiano "estão cercados de abismo"[20], ou seja, os objetos se mostram em potência de linguagem também obscura. Trata-se de uma *mise-en-abyme* de descrições, pois os objetos são descritos sem que se trate de descrição. E é nessa dupla ou tripla obscuridade, que o "objeto de palavras", enfim petrificado, pode dar acesso ao fundo obscuro das coisas, sendo ele mesmo uma parte obscura.

17 C. Prigent, em L. T. da Mota, *Francis Ponge: o Objeto em Jogo* (orelha do livro).
18 Idem, p. 39.
19 Idem, p. 34. Trata-se do *Dictionnaire de la langue française de Émile Littré*. Dicionário etimológico que dá o radical da palavra, o cerne, a parte dura do vocábulo, presentificando o que nomeia pela sua força de contenção.
20 F. Ponge. *Métodos*, p. 10.

Sobre a questão do objeto na poética pongiana, lemos que a relação do homem com o objeto não é somente de posse ou uso. Francis Ponge esclarece no texto, "O Objeto é a Poética"[21], que não é assim tão simples. Os objetos estão fora da alma e, certamente, eles são como chumbo em nossa cabeça. Diríamos, ainda, que os objetos são o que nos pesa na cabeça, fazendo-nos pensar.

Nossa alma é transitiva, reflete Ponge. Enquanto acompanhamos seu pensamento, fazendo as relações entre o homem e as coisas, precisamos saber que é necessário um objeto que o afete. Podemos concluir que necessitamos de um objeto que nos afete, como um complemento, uma construção na linguagem. Algo que nos atinja diretamente. E o poeta explica ainda que a relação é grave. "O artista, mais que qualquer outro homem, recebe essa carga, acusa o golpe"[22].

Em um de seus textos mais memoráveis, *Le Savon*, Ponge nos fala do objeto, o sabão, e faz também algumas analogias. A ambição do poeta não se reduz ao objeto, pois o que ele busca alcançar é a materialidade do texto. O sabão "é uma espécie de pedra, porém (sim! uma-espécie-de-pedra-mas)"[23]. E lemos o texto atentos à importância do "mas", pois, nesse instante de leitura, o poeta nos convida a olhar em outras direções. O "corte" que leva o objeto a ele mesmo leva também a outros lugares: lugares de perda e de resistência. O poema "Le Savon", do livro com o mesmo título, foi escrito durante a Segunda Grande Guerra.

Outro dado interessante é que o poema se apresenta como um suporte para o estudo da obra do poeta Ponge, confirmando uma obra escrita em forma de fragmento. Segundo André Bellatorre, ler Francis Ponge é estar constantemente convidado a ver duplo, pois seus textos ao mesmo tempo que descrevem o objeto, nos falam de uma outra coisa, e são de alguma maneira os fragmentos de uma arte poética em ato[24]. É este *double jeu*, esse jogo duplo, que é chamado "*rhétorique de l´objet*",

---

21 *L'Atelier contemporain*, p. 221.
22 Idem, p. 221-222.
23 Idem, p. 18.
24 *Le Savon* ou 'l'exercice' du lectur, em J.-M. Gleize (dir.), *Ponge, résolument*, p. 67-85. Sobre a questão da experiência do poeta em ler parte desse texto na rádio de Stuttgart, o autor comenta o fato, esclarecendo que Ponge, dessa

no qual a obra pongiana vai dobrar o objeto descrito ao mesmo tempo que ele se faz signo.

Logo no início do texto "Le Savon", o poeta faz uso de uma alegoria de viagem de leitura:

Início do Livro

Que o leitor, de imediato, seja solicitado (ele compreenderá logo porquê) – queremos dizer: para a decolagem – a se dotar, pela imaginação, de *orelhas alemãs*[25].

E, em uma espécie de ficção de viagem, o leitor é convidado a embarcar no texto. Com o recurso da repetição, declara-se o embarque: "embarcados no mesmo veículo ou no mesmo barco"[26]. Ponge convida o leitor e insiste no convite, outras vezes, ao longo desse texto. Convoca-o a participar da leitura, do seu projeto de escrita em obra.

A seguir, transcrevemos um fragmento do poema "Le Savon":

O Sabão
    Roanne, abril de 1942.

Se eu massageio minhas mãos, o sabão espuma, rejubila...
Mais as deixa complacentes, flexíveis,
afáveis, maleáveis, mais espuma, mais
sua raiva torna-se volumosa e nacarada...
Pedra mágica!
Mais forma com o ar e a água
cachos explosivos de uvas
perfumadas...
A água, o ar e o sabão
encavalgam, brincam
de pular carniça, formam
combinações menos químicas que,
físicas, ginásticas, acrobáticas...
Retóricas?

---

 forma, com este dispositivo de leitura na rádio, fez a passagem, *em ato*, transformando um dossiê de notas *em obra* (os grifos são nossos).
25 *Le Savon*, p. 8.
26 Idem, p. 10. A repetição é uma forma do termo latino *ruminatio* (ruminação), que pode também ser definido como aquilo que é "meditado".

Há muito a dizer a propósito do sabão. Exatamente tudo que ele conta dele mesmo até a desaparição completa, consumação do sujeito. Eis o objeto que me convém[27].

Sobre esse fragmento de "Le Savon", e do qual há muito a dizer, ficamos com a forma como ele foi nomeado por Ponge: "pedra mágica." Na estrutura da pedra, permanecemos com a sensação de algum segredo de magia e/ou de desaparição.

O texto foi escrito e reescrito durante 25 anos (é o que encontramos na abertura do livro), entre 1942 e 1967, data de sua publicação. No *Début du livre,* Ponge insiste que o leitor considere "para a decolagem – se dotar, pela imaginação, de orelhas alemãs"[28]. "As orelhas alemãs" conforme optamos por considerar aqui em função da sonoridade, são como instruções ao leitor, na referência ao rádio, e à importância do rádio, nesse tempo. O poema "Le Savon" foi lido na rádio de Stuttgart, na Alemanha e, por essa razão, há um endereçamento direto aos ouvintes logo no começo do poema:

Senhoras e Senhores...
Vocês vão talvez ouvir... Vocês, em todo caso, começaram a ouvir BUM! (Estão ouvindo?) Vocês ouvem neste momento as primeiras linhas de um texto..., a leitura da tradução em alemão de um texto originalmente escrito em francês[29].

Funcionando como um *prétexte* de performance radiofônica, o texto apresenta-se com uma disjunção logo em seu início. Pois, designado como "perturbação destinada à escuta", e exigindo "orelhas alemãs", o poeta avisa que o texto foi traduzido para a língua alemã.

Segundo Kaufmann, se há para o leitor uma destinação na escuta da rádio de Stuttgart, devemos abraçar a circunstância da radiofonia, presente no fato de esta ser como uma "perturbação" que deve ser ouvida. Mas o texto foi escrito em francês

---

27   Idem, p. 17.
28   Idem, p. 8. Em clara referência à Segunda Guerra Mundial, Ponge, com alguma ironia, enfatizava o lugar dos leitores, e utilizava palavras da língua alemã (*Achtung*), e também alguns barulhos (*boum!*). Ele escreve a materialidade, em um texto que ele nomeava *le dossier-savon*.
29   Idem, p. 9.

e, na realidade, esse comentário contribui para desnortear o leitor. Entre a palavra e a escrita, fica-se com um ruído "na comunicação" (talvez em função dessa leitura ter sido feita por um leitor de língua francesa: o próprio poeta).

O *saber* histórico sobre o poema "Le Savon" remonta à sua origem, em 1942, quando ele começou a ser escrito. Ponge, em 1964, ainda se refere a essa época de Guerra e aos sentimentos aos quais as suas reminiscências lhe remetiam. São claras as relações aos anos que se seguiram, no pós-guerra, e à amnésia voluntária vivida pela população em geral, fato bastante comentado e estudado por alguns historiadores hoje.

Como pensar o poema, então, nesse contexto da memória de uma Alemanha nazista? Conta-se que sobre a matança dos judeus corria um "boato" de que da gordura dos corpos mortos fazia-se sabão. Derrida comenta o fato: "O sabão sabe das coisas que ele silencia, daí seu ar 'taciturno'"[30].

O funcionamento desse escrito pongiano não cessa de nos abismar. Podemos ler que "ele redobra, quase performativamente sua afirmação, enquanto fala, por efeitos de repetição, como para provar que funciona"[31]. Vejamos ainda na imagem de Ponge que contém o "mas", a fórmula do Ponge-poeta-do--objeto é verificável, mas restritiva. O objeto pongiano é manipulado de forma tal que as ligações formadas ao nível das raízes e das significações das palavras se montam pela multiplicação interior das relações, e se mostram de forma vertiginosa. Mas, o objeto não se deixa reduzir, conforme já dito, pois "Ele objeta"[32]. À maneira do *objeu*, ele entra no jogo da linguagem e abre vários sentidos, insuspeitáveis *a priori*.

JOÃO CABRAL EM OBRA

A Fábrica Cabralina

Ao fazermos uso do que foi aprendido com Ponge, retornamos à poética de João Cabral, cujo processo de fabricação

---

30 Apud J.-M. Gleize (ed.), *Cahiers de L'Herne*, n. 51, *Francis Ponge*, p. 14.
31 V. Kaufmann, *Le livre et ses adresses (Mallarmé, Ponge, Valéry, Blanchot)*, p. 139.
32 B. Veck; G. Farasse, *Guide d'un petit voyage*, p. 49.

fica mais claramente percebido na relação com o objeto-livro, ou seja, de forma totalmente inversa. João Cabral, ao editar alguns de seus livros e também outros de poetas amigos, conseguia, com a experiência que se dava entre seus próprios dedos, na materialidade desse ato, construir o livro, envolvendo-se inteiramente com as diferentes etapas de fabricação do mesmo. É assim que, durante o tempo de sua vida em Barcelona, o dia a dia com a impressora "Minerva" era extenuante tanto quanto entusiasmante. Mas, convém assinalar aqui, que a fábrica cabralina é nomeada dessa forma, pelo próprio João Cabral em entrevistas, nas quais ele esclarece algo sobre o *fazer*, explicando alguns aspectos desse *fazer*: "Escrevo de fora para dentro. Antes faço o projeto do livro", e/ou também: "assim como um sapateiro faz sapatos, eu faço a minha poesia". Ou seja, conferindo ao seu *lavoro* um lugar especial, o poeta reconhecia, então, que escrever era também se envolver com a fabricação do livro, com a escolha do papel e com as letras (o tipo etc.), tanto quanto com o texto. O que iria conferir ao escrito um lugar – e o poema era tão importante quanto o objeto-livro – era toda essa experiência de um *fazer*, na qual, segundo o poeta, estava implicada uma e outra artesania. *Martelar e martelar* as letras enquanto a escrita se apresentava na sua construção.

Verificamos nas cartas trocadas, tanto com Manuel Bandeira como também nas escritas a Carlos Drummond de Andrade e à Clarice Lispector, o aspecto de *"fábrica"* na organização desse trabalho com os livros. João Cabral exercia a tarefa e comentava o seu processo na construção dos livros, pensando as partes do livro, as suas diferentes sequências etc.

Consideramos João Cabral leitor de Ponge e, como tal, ele apresenta em sua escrita poética algumas semelhanças com o pensamento da escrita pongiana, que se mostram, naturalmente, em vários de seus poemas. A primeira delas diz respeito à prioridade dada ao "espesso" das palavras, já que a exploração linguística amplia os significados das mesmas. Lemos em "Poema(s) da Cabra":

3

O negro da cabra é o negro
da natureza dela cabra.
Mesmo dessa que não é negra,
como a do Moxotó, que é clara.

O negro é o duro que há no fundo
da cabra. De seu natural.
Tal no fundo da terra há pedra,
no fundo da pedra, metal.

O negro é o duro que há no fundo
da natureza sem orvalho
que é a da cabra, esse animal
sem folhas, só raiz e talo,

que é a da cabra, esse animal
de alma-caroço, de alma córnea,
sem moelas, úmidos, lábios,
pão sem miolo, *apenas côdea*.[33]

Não nos surpreendemos encontrar, na obra de João Cabral, a pedra e seus derivados e/ou afins, entre eles: caroço, osso, minério, casco, cimento, tijolo, cristal, em uma paisagem pedregosa que trabalha a noção de vida dura, e também a da própria dor, em referência à "vida severina" que se faz tão "capaz de pedra" quanto a cabra. Pois é precisamente dentre "os objetos componentes da imagística que define a cabra, muitos têm como sema comum a dureza, que se encontra dentro ou abaixo de uma superfície (pedra, raiz, talo, caroço, osso, esqueleto), ou formando uma proteção externa (côdea, crosta, couraça, escama)"[34], que percebemos o que vai determinar o idioma pedra cabralino nessa construção.

Já com o poema de Ponge "A Cabra", em cada letra do nome cabra (*chèvre*) salientamos a poética que descreve o animal habitante das pedras altas, e, sobretudo, lemos e ouvimos, nesse nome, a sonoridade das três consoantes. Refere-se

---

33 *Serial e Antes*, p. 240-241.
34 M. Peixoto, op. cit., p. 154.

o poeta, ainda, à última vogal (muda) que o nome em francês contém (a vogal: e), singularidade da língua que sinaliza a ausência que se faz presente[35]. Diz o poeta neste texto:

> Por uma inflexão natural, salmodiando desde então um pouco – e nós também esticando demais a corda, talvez, para agarrar a ocasião verbal pelos cabelos – demos, o queixo alto, a entender que *chèvre*/cabra, não longe de *cheval*/cavalo, mais feminina ao acento grave, não é senão uma modificação modulada, que nem cavalga nem resvala mas escala, pela última sílaba, as rochas abruptas, até a área de um voo, ao ninho em suspensão da (letra) muda[36].

O destaque é ao acento grave de *chèvre,* como uma modificação que modela a língua na leitura, nessa cena textual. O poeta em seu fabricar, trabalha o movimento das letras. O texto é afirmado como um texto construído em justaposição fragmentária, que avança de forma muito singular, em movimentos que carregam vários "fios". A partir desses dados iniciais, já podemos perceber que a escrita poética de Francis Ponge se faz de forma rica e intricada na relação de um texto com outro(s), ou seja, uma escrita que se faz em processo, ou, como depois ficou reconhecida, uma escrita em processo de fabricação.

Sabemos que vai depender também do leitor dar um destino ao objeto-poema, este objeto singular que é 'a cabra', segundo Thomas Aron, pois é a escrita do fragmentário; essa escrita inacabada, e que encadeia várias particularidades. Um fragmento está ligado a outros, inclusive reenviando o texto mesmo a um outro texto, e até ao mundo ou à realidade. Ao leitor cabe, então, um papel singular: o de fazer a relação de um texto com outro(s).

João Cabral, por sua vez, apresenta a sua "coisidade" em matérias que, segundo a ensaísta portuguesa Souza Tavares, estão ligadas a uma memória de infância, vida e cidades – Recife e Sevilha, alguns rios (o Capibaribe, por exemplo), alguns cemitérios (pernambucanos, entre outros) e outros lugares do

---

[35] Valère Novarina, diz que o "'e" mudo da língua francesa, é "mola dramática e núcleo de energia [...] O 'e' mudo é o nosso *alef,* o sopro atônico no qual repousa todo o mistério de nossa língua, seu movimento, sua elasticidade". *Diante da Palavra*, p. 40.
[36] *Oeuvres Complètes*, v. I, p. 807.

Nordeste e da Andaluzia principalmente. De outra forma, que se soma a essa, os objetos (alguns deles) correspondentes às mesmas palavras: pedra, faca, deserto, cabra sol etc., continuam sendo a sua referência de memória. E o poeta trabalha nessa trilha de significantes como quem constrói uma casa, arquitetando-a. Vejamos: "A poesia é uma composição [...]. Vou fazer uma poesia de tal extensão, com tais e tais elementos, coisas que eu vou colocando como se fossem tijolos. É por isso que eu posso gastar anos fazendo um poema: porque existe planejamento"[37].

A "coisa" cabralina às vezes petrificada em fome, em morte, em luta, desdobra-se em uma poética de silêncio, no "esforço de 'presentificação', 'coisificação' da memória"[38]. E, parecendo alimentar-se do deserto nordestino, essa escrita apresenta uma materialidade seca na negatividade de um "pomar às avessas". Retoma, ele, dessa forma, "certos conceitos negativos: o vazio, o sem, o escasso, o nada, e considerações sobre a temática da morte"[39]. Lembramos que o apego ao negativo pode se refletir na linguagem "em forma de objetos concretos acompanhados de modificadores negativos e objetos incompletos"[40], que introduzem a falta ou o vazio.

Alguns poemas pongianos, por outro lado, provocam a palavra para que ela possa ser simbolizada, avançando e exibindo a sua raiz. Francis Ponge, que pode ser lido como integrante de um "lirismo moderno", afirma seus "momentos críticos" e seus "momentos líricos", em processo. A tensão entre um e outro, na obra do poeta, delineia o que foi chamado "o drama da expressão"[41], e a impossibilidade de exprimir os sentimentos, os mais íntimos e impossíveis de serem ditos na língua de todo mundo. Segundo suas palavras, é por essa razão

---

37 *Cadernos de Literatura Brasileira*, p. 21.
38 Idem, p. 31.
39 M. Peixoto, op. cit., p. 120.
40 Idem, ibidem.
41 Ponge explica "o drama da expressão" na referência à morte de seu pai, pois, não houve, no momento do luto, possibilidade de o poeta conseguir expressar-se. Lembramos Freud, que reconheceu em carta ao amigo Biswanger, escrita em 11 de abril de 1929, após a morte de sua filha Sofia, que a elaboração de um luto é, de fato, impossível: "É sabido que o luto agudo causado por tal perda encontrará um fim, mas que ficaremos inconsoláveis, sem jamais encontrar um substituto", apud J. Allouch, *Erótica do Luto no Tempo da Morte Seca*, p.161.

que ele "faz falar as coisas"[42], porque ele não tem êxito em fazer falar os sentimentos.

Agora, buscaremos pensar a materialidade da obra de João Cabral, e, rapidamente, faremos uma articulação do texto cabralino com a obra do pintor espanhol Joan Miró, o amigo que, vivendo a experiência criadora da pintura e da escultura, trabalhava a matéria em ato, em movimentos com o corpo, tanto quanto João Cabral na produção dos livros e dos poemas. Pois é no texto em prosa, escrito sobre Miró, que o poeta traduz o que faz, enquanto observa e fala da obra do amigo-escultor. Ou melhor, é assim que João Cabral avalia o trabalho do pintor: "Demorado e tranquilo. Mantido nesse plano simples do fazer, artesanal, em que a mão fabricadora, por não estar dissociada da inteligência fabricadora, não necessita criar expressão teórica para sua norma"[43].

No estudo de João Cabral sobre Miró, o poeta especifica esse momento de sua obra. É inclusive aí, nesta época, que ele escreve *O Cão sem Plumas*, concluído em 1950. Aguinaldo Gonçalves nos esclarece que:

a nível conceitual, [...] aquilo que ambos realizavam e que levaria a pontos bem mais elevados das suas criações artísticas. Digo ambos porque, ao falar de Miró, João Cabral fala, em verdade, da sua realização estética[44].

O poeta observa o fazer artesanal de Miró, e assim nós também percebemos o fazer cabralino: "O olho aborda por onde melhor lhe parece"[45], o trabalho pretende a exigência criadora, e a mão fabricadora tem que se mostrar trabalhando junto. Em Miró, são quadros que não impõem ao espectador um movimento continuado e único. A linha é a mola que guia o nosso olhar nesta composição.

---

42 F. Ponge, *Pratique d'Écriture ou l'inachèvement perpétuel*, p. 79.
43 *Prosa*, p. 29.
44 *Transição e Permanência Miró/João Cabral*, p. 153.
45 *Prosa*, p. 29.

A Bailarina-linha de João Cabral

Podemos considerar que a *bailarina-linha* de João Cabral (a partir de 1942-1945), depois que surge feita "de borracha e pássaro", no livro *O Engenheiro,* encontra um caminho que não é mais apenas o do equilíbrio, e sim o do ritmo que se mostra na base do processo de sua criação, impondo-se, e sinalizando parte desse movimento. No livro *Quaderna,* conseguimos também detectar os movimentos diferenciados de João Cabral, um poeta que faz "dançar" a escrita, buscando nos versos o que "por sua vez a desafia"[46], em movimento mais livre. Lemos na parte 6 do poema:

> Na sua dança se assiste
> como ao processo da espiga:
> verde, envolvida de palha;
> madura, quase despida.
>
> Parece que sua dança
> ao ser dançada, à medida
> que avança, a vai despojando
> da folhagem que a vestia.[47]

Ao denominar seu poema "Estudos...", o poeta confere a esse momento do seu trabalho um caráter de oficina, pois, como leitor de Valéry, que sempre "buscava o exercício"[48], *a dançarina* aqui experimenta e move-se na escrita, em estudos e movimentos que participam de um *fazer* mais arriscado, pois que não é mais apenas matemático. A versificação é mais melodiosa na métrica de sete sílabas. O poema longo trabalha "a subida ao dorso da dança [...] como se buscasse ouvir / alguma voz indistinta". O poeta compara, portanto, nesse poema, o gesto da bailarina e a função atenta exercida pelo telegrafista: "Há nessa atenção curvada / muito de telegrafista, / atento para não perder / a mensagem transmitida"[49].

---

46 Estudos para uma Bailadora Andaluza, *Serial e Antes,* p. 204.
47 Idem, p. 205.
48 M. Déguy, *Poetas que Pensaram o Mundo,* p. 387.
49 *Serial e Antes,* p. 201.

Conhece-se, nesse momento, o gosto do poeta pela dança andaluza, confirmado em entrevistas outras tantas vezes. Mas confere-se, na posição curvada, o desenho de um corpo em momento de escrita e muita concentração. Atentemos, na parte 5 do poema, para a relação desse ofício de fazer livros com a dança andaluza:

> Sua dança sempre acaba
> igual que como começa,
> tal esses livros de iguais
> coberta e contra-coberta:
>
> com a mesma posição
> como que talhada em pedra:
> um momento está estátua,
> desafiante, à espera.[50]

Com a "Bailarina Andaluza" em movimento, e a seguir parada, sendo comparada ao livro, João Cabral mostra-se talhando-a, inclusive, em pedra: parada e estátua; à espera, como no poema pongiano, que anuncia "a pedra de espera". O que não se move, espera, em ritmo de pedra, podemos concluir. Antes, não sem pensarmos em Ponge, no poema "A Ardósia", em que lemos, na tradução de Marcelo Coelho para o livro *Poetas que Pensaram o Mundo:* "A ardósia não é, afinal, senão uma espécie de pedra de espera, baça e dura". Embora possamos acrescentar as muitas outras coisas que a pedra é. O poema "O Seixo", por exemplo, nos diz que o seixo "é uma forma ou um estado da pedra entre o rochedo e o calhau"[51]. E Ponge faz referência a outros tempos da Terra na origem do caos, em direção ao que se tornou depois a nossa morada. O que ele vai chamar de "ossatura sagrada" na forma do mundo, com o que o sustenta, está também aí neste momento apresentado na consistência da pedra.

Do que até agora já foi dito sobre o processo de fabricação cabralino, podemos reconhecer aspectos do processo de fabricação pongiano. Com algumas diferenças, necessárias e importantes. Um e outro poeta podem ser lidos e reconhecidos por

---

50 Idem, p. 203-204.
51 F. Ponge, *O Partido das Coisas*, p. 157.

meio das fontes da poesia clássica francesa, que fizeram parte de seus aprendizados com a palavra e a letra. Ambos dedicaram-se a escrever e a pensar a poesia no processo de escrita. Não podemos afirmar que Ponge tenha conhecido alguma coisa da obra de João Cabral, porque esta não foi traduzida em sua época. Mas João Cabral, com certeza, leu e muito a obra de Ponge, e declarou-se leitor, e leitor dedicado, do trabalho do poeta.

Há um poema cabralino, escrito em homenagem a Ponge e outros: "O Sim contra o Sim", que confirma em versos a nossa hipótese. São versos que falam de um momento do trabalho poético. Um trabalho que "enovela", em um movimento de "quase". João Cabral utiliza agora, como recurso no próprio verso, o mesmo verbo em três tempos diferentes (presente, gerúndio e particípio passado), e realiza o movimento que também descreve. Faz o corte no verso de forma inesperada, depois de dar voltas ao redor. Um corte à moda de Ponge, depois de muito tocar a palavra. Cito:

> *Francis Ponge*, outro cirurgião,
> adota uma outra técnica:
>   gira-as nos dedos, gira
>   ao redor das coisas que opera.
>
> Apalpa-as com todos os dez
> mil dedos da linguagem:
>   não tem bisturi reto
>   mas um que se ramificasse.
>
> Com ele envolve tanto a coisa
> que quase a enovela
>   e quase a enovelando,
>   se perde, enovelado nela.
>
> E no instante em que até parece
> que já não a penetra,
>   ela entra sem cortar:
>   saltou por descuidada fresta.[52]

Entre os dedos, na materialidade ínfima do real, encontra-se o que Ponge chamava "o insignificante", o mínimo pontual,

---

[52] *Serial e Antes*, p. 287.

a letra de um cirurgião da palavra. É o que percebemos nos versos do poema acima, que afirmam a técnica de corte e, principalmente, o toque letra-a-letra na matéria de escrita: a palavra. O que o poeta buscava era estudar o funcionamento da linguagem e, através dela, o funcionamento do homem (sempre preocupado com a linguagem escrita).

Marta Peixoto comenta que esses "poetas-cirurgiões" "prezam o mundo dos objetos, a observação e o jogo linguístico"[53], "e fazem da descrição verbal uma operação física fundada no tato, envolvendo coisas, mãos e instrumentos cortantes"[54]. Não podemos deixar de assinalar aqui os instrumentos cortantes que participam de uma oficina de criação, e que são citados: "lápis bisturi", "réguas, esquadros/ e outros utensílios": todos compondo o cenário de corte e marcação do "verso cicatriz".

O POETA E SUA MESA, NA MATERIALIDADE DA ESCRITA

> *A mesa desde a noite dos tempos*
> *esperava o homem .*
>
> FRANCIS PONGE[55]

Desde o título de seu estudo sobre a mesa de trabalho – *La Table* – Francis Ponge passou a nos mostrar as muitas faces do objeto mesa. O poeta desenhou, inclusive, um autorretrato de seu momento de escrita. A mesa, a posição do corpo, e especialmente as suas pernas, muitas vezes colocadas para o alto, delineiam algo muito singular. Estão a mesa, o corpo do poeta – implicado em sua materialidade – e, ainda, o papel e o lápis ou a caneta, tanto quanto as letras e o dicionário, estão todos, repito, em íntima relação com a emoção, o desejo, e o texto que ali nasce. Os papéis, por exemplo, descreve Beugnot, são de diversas texturas, os lápis e as canetas, a poltrona e a mesa de trabalho, todos contribuem para um gestual de invenção poética. Cito Ponge:

---

53 Op. cit, p. 148.
54 Idem, ibidem.
55 *A Mesa*, p. 301.

Velando desde o jantar de ontem à noite (O que estou dizendo? Por assim dizer, não deixei minha cadeira de braços, tão penosa para o cóccix, com os joelhos mais altos do que a cabeça, os pés em cima da salamandra [...]), só agora me sinto pronto pra molhar a pena na tinta, sem muito saber o que vou escrever (*L'Eucalyptus*, 31 de agosto de 1941, 3 horas da manhã)[56].

"Sem muito saber o que vou escrever" será o ponto que destacaremos neste momento, porque Ponge exercia sua escrita, claramente afirmando seu *não saber*. Aqui, inclusive, o sinal do sofrimento físico vivido no corpo é destacado pelo poeta. O poeta em sua mesa arrisca sempre, e pode até se tornar prisioneiro da palavra. Sem que haja nenhuma ilusão sobre a escrita automática, Ponge experimenta a pulsão da escrita sem temê-la. João Cabral, por outro lado, gostava de confirmar sua escrita consciente e racional, como se buscasse controlá-la, obsessivamente trabalhando e trabalhando a palavra.

Guardaremos do estudo feito por Bernard Beugnot o esforço e as caretas destacadas nesse momento, que contém, inclusive, movimentos na tensão da espera, como nos diz o poeta: "parece-me perceber um novo grupo vindo de um outro lugar em direção à minha consciência"[57]. "*Ouvrir la trappe*"[58], quer dizer "abrir o alçapão", e aparece como uma outra expressão enfatizada no texto, para buscar dizer o outro lado da produção pongiana. O que se abre ao novo, no momento de escrever, abre-se em trabalho, sabendo que "a máquina de escrever" funciona para colocar na página as múltiplas tentativas da escrita, as rasuras e os erros.

Sinalizamos no texto, conforme afirmamos anteriormente, as questões das sílabas e das letras colocadas a trabalhar no ofício de escrever. Em uma tensão que o trabalho acomoda e que se impõe também na leitura, marcamos um lugar no ateliê, ao manuscrito que vai se tornando uma tela de escrita. À semelhança com a pintura – onde se destacam as tonalidades das tintas, as várias camadas de tintas, tanto quanto o papel e as qualidades do papel –, na prática do ateliê de escrita importa

---

56 Apud B. Beugnot, *Poétique de Francis Ponge*, p. 107.
57 Idem, ibidem.
58 Idem, p. 108. A expressão utilizada por Beugnot traduz esta atitude de acolhimento e receptividade às palavras e às ideias que se apresentam.

o que vai tomando forma e se costurando no texto, inclusive com as letras escritas à máquina e as escritas à mão, nas muitas etapas do escrever, no vaivém de um trabalho que suporta parágrafos, efeitos e escolhas de estrofes, mudanças de ritmos (de respiração), entre outros detalhes.

A caneta guarda ainda alguma coisa de seu sentido latino, esse prolongamento da mão, que grava as palavras e os pensamentos, lembra o buril que gravava as inscrições e as estelas [...] "Aqui eu mudo de pluma em sua honra" escreveu Ponge em *L'Eucalyptus*. O manuscrito pode tornar-se eventualmente uma verdadeira tela escritural onde as palavras, as tonalidades de tinta, os formatos e as qualidades do papel, as cores também jogam com suas relações como os toques na pintura[59].

Fica bastante clara a passagem da escrita pongiana, quando o poeta invoca a invenção em sua materialidade. Vale conferir, no detalhe do fragmento citado, as palavras de Ponge: "Ici je change de plume..." É, portanto, exatamente aqui, que o poeta muda de pena, e o tom da escrita saboreia essa mudança, assim anunciada. Com esse gesto, o poeta conforta o trabalho, e pontua o exercício, testemunhando-o.

À semelhança com a pintura, o escrito pongiano pode ganhar as tonalidades da tinta da caneta, e firmar-se em obra, desdobrando-se em processo de *désoeuvrement*. O chamado livro-dossiê *La Figue sèche*, por exemplo, nos serve perfeitamente nesse momento de análise da obra pongiana. A forma como o livro foi sendo construído traduz a questão sobre um ofício com as repetições e as experimentações, em um vaivém-de-costura-e-corte com o poema fazendo-se livro.

Vejamos, pois, o poema "La Figue", que foi quatro vezes remodelado, conforme os estudiosos desse escrito. O texto permaneceu guardado "três vezes mais uma". Uma primeira vez, o texto comparece com oito parágrafos seguidos da assinatura do poeta em latim: Franciscus Pontius. Nesta primeira versão do texto, aqui traduzida, estão os quatro versos primeiros e os nove versos finais:

---

[59] Idem, ibidem.

O Figo[60]
ou
da poesia quase como
um figo
Admito não saber bem o que é a poesia,
Mas por outro lado muito bem o que é um figo
Não grande-coisa evidentemente senão um figo,
Somente isto
[...]
Tal seja este breve fragmento.[61]
Muito menos que um figo, vê-se,
Ao menos em sua honra nos resta talvez.
Pelos nossos deuses imortais,
Caro Symmaque,
Assim seja!
FRANCISCUS PONTIUS
NEMAUSENSIS AUCTOR
AN MCMLVIII FECIT

O final do poema apresenta a assinatura do poeta transcrita para o latim, onde se lê FRANCISCUS PONTIUS, na possível referência a Pontius Pilatus. O ano é de 1958, e o autor é NEMAUSENSIS, ou seja, originário de Neumasio, cidade da Gália, hoje Nîmes.

O poema nos convida a acompanhar Ponge, em seu ateliê. Jean-Marie Gleize nos elucida que *Comment une figue de paroles et pourquoi* é alguma coisa inédita, como uma "prosa em prosa", algo que talvez anuncie o começo da "escrita em prosa". Ponge considerava esse texto um escrito que trata da materialidade da língua e do mundo exterior, e ele construía seu "pobre" figo como "uma arte poética" para a modernidade.

O escrito, que começa por colocar em questão a poesia, termina por se nomear como "breve fragmento". Parece se inscrever na incerteza e não se reduz ao que significa. Como tal,

---

60 Nova cópia datilografada pelo autor. Sem data e corrigida com lápis vermelho. Contém pequenas variações na primeira estrofe. F. Ponge, *Comment une figue de paroles et pourquoi*, p. 219.
61 Seguido da frase: "Pelo que nos encara". A página é inteiramente manuscrita com lápis azul, sem data e com notas feitas no canto superior direito dentro da norma utilizada pelo protocolo tipográfico, chamado *deleatur*, e significando: "isso deve ser suprimido". Idem, p. 223 (Nota de pé de página).

funciona "literalmente e em todos os sentidos, isto é, fora de qualquer submissão ao sentido"[62], como se estivesse fazendo uma passagem, pois coloca em evidência quatro palavras: "texto", "escrito", "poema" e "fragmento". O figo (objeto) é o poema se fazendo, isso que o poema-rudimento é para o leitor: objeto presente, "literalmente impróprio ao consumo, consagrando ao escritor o sem fim da escrita; a isto que Ponge chama algumas vezes o 'acharnement'"[63], ou seja, a obstinação. Diríamos, ainda, que a referência é também ao movimento da escrita no qual o escritor está investido.

O que "remodela", no poema de Ponge, diz da "elasticidade" das palavras. O que Gleize reconhece, à semelhança do trabalho do artista Alberto Giacometti, como uma elaboração sem começo que prossegue. É o próprio escultor que elucida a questão. Já no título de seu livro, as palavras de Giacometti dizem desse ato: "Eu não sei o que vejo senão trabalhando"[64]. A frase do escultor está inserida nesse pequeno livro para esclarecer o que lhe interessa em uma escultura. Ela é o meio que ele encontra de alcançar a visão do mundo exterior. Acrescentamos que o trabalho na obra de um artista plástico é da mesma ordem que o trabalho na escrita de um poeta, ou seja, é da ordem de um não saber, que busca se inscrever no ato da criação.

Com certeza, somente lendo os rascunhos de um poeta, conseguimos perceber, no seu encadeamento, a palavra que se inscreve como uma (re)modelagem, tomando a forma ali mesmo, no momento de sua feitura. São frases que comparecem se modificando, se alongando ou se reduzindo, buscando ficar mais densas. Na dinâmica da obra, a prosa pode se transformar em versos sob a pressão dos dedos do escritor: uma prosa que pode absorver versos e prosa.

Ponge utilizava diferentes recursos na página. A remodelagem dizia respeito a todas as variações materiais, que tanto podiam ser as páginas escritas à mão ou datilografadas, como páginas impressas (em seus diferentes tempos de execução). Da mesma forma, outras soluções também surgiam (as numerações, ou qualquer outra marca) para determinar

---

62 Idem, p. 45.
63 J. M. Gleize, L'Or de la figue, idem, p. 46.
64 *Je ne sais ce que je vois qu'en travaillant.*

esse estado de escrita, isso que o poeta nomeava "tentativas de paginação"[65]; uma espécie de *ensaio*, ou um desenho do texto na página. O que também podemos ler como se o poeta estivesse buscando e experimentando com a mancha do texto. Há ainda alguns textos de Ponge que são nomeados *Notes*, e abrem-se como um ateliê em obra. O gesto pode ser considerado inaugural, e tem valor para nosso estudo, por constituir-se em páginas de um ateliê com textos inacabados e/ou inéditos. O livro *Pages d'atelier 1917-1982*, publicado pela Gallimard, em 2005, reúne esses inéditos. São escritos que não foram utilizados em outras publicações, mas conservados e guardados pelo poeta e seus familiares em diferentes estados de escrita. Servem para os estudiosos do "processo de fabricação", que em Ponge visa à "fábrica" e que, segundo o próprio poeta, podem sinalizar uma nova forma de escrever e marcam "o nascimento de um novo gênero literário"[66]. O fato vem ao encontro da vontade de dessacralizar o texto dito definitivo.

SOBRE A FABRICAÇÃO
(UM *FAZER* QUE NÃO É QUALQUER)

Tanto João Cabral como Francis Ponge exercitam uma escrita poética, incluindo nessa *fabricação* algo que participa de um *fazer* artístico, no qual as obras de pintores de sua época colaboram, seja pela incorporação da textura dos materiais utilizados, ou com a real manifestação do gesto criador. A observação dos passos desses poetas, nos ajuda a desvendar suas poéticas. Da mesma forma se dá o dia a dia dos poetas na convivência com os pintores amigos, no que depois será traduzido como influencia em suas escritas. A escolha se apresenta como uma vocação para os poetas críticos.

Ao permanecermos ligados à questão da fábrica cabralina, porém, a nossa atenção se volta, sobretudo, para os títulos dos livros do poeta, mais especialmente as publicações de *Serial, O*

---

[65] *Comment une figue...*, p. 48.
[66] A. Grésillon, Devagar: Obras, *Papéis Avulsos*, n. 33, p. 22.

Engenheiro, e *Museu de Tudo*. Tanto quanto os livros de Ponge nomeados *Atelier*, eles parecem confirmar o processo, a série, o ateliê, a engenharia, na qual João Cabral estava operando o seu fazer. Nesse aspecto em particular, os dois poetas são bastante coincidentes na forma de trabalhar a sua poética. Ambos selecionam as partes, cuidadosamente articulando o que vai, depois, compor o livro, que se faz objeto. Se, em Ponge, essa tarefa se dá de forma mais livre e fragmentada, até que o objeto mesmo se apresente, em João Cabral, a forma se manifesta primeiro, de acordo com o que ele já declarou anteriormente: um trabalho que se realiza "de fora para dentro".

O livro *Museu de Tudo* (1966-1974) garante um lugar ao que se mostra em ato. Nesse *fazer*, em um trabalho de recolha, como aquele realizado pelos pesquisadores dos museus, João Cabral nos exibe certos lugares, certas coisas, objetos específicos e desejados. Um mapa do que é e do que pode ser o exercício do olhar – o momento privilegiado em que o objeto se converte em obra. A percepção de mundo do poeta passeia pelos versos, oferecendo-nos, nesse passeio, "objetos" como os dos museus, porém incorporados à sua poética, e que realçam, além disso, outros inseridos na paisagem. Vejamos os registros das experiências marcados pelo exercício poético. Certos sítios se sobressaem, como no poema "Pernambuco em Mapa", escrito em versos livres:

> Só vai na horizontal
> nos mapas em que o mutilaram;
> em tudo é vertical:
> dos sobrados e bueiros da Mata
>
> até o mandacaru[67]
> que dá a vitalícia banana
> a todos que do Sul
> olham-no do alto da mandância.[68]

---

[67] Mandacaru é o nome de um bairro na cidade de Custódia, que se iniciou como um povoado no século XVII. Destacamos, aqui, o *mandacaru*, grande cacto de tronco grosso e ramificado. Planta característica da caatinga nordestina que serve de alimento ao gado na seca.
[68] *Educação pela Pedra e Depois*, p. 55.

Pernambuco, que traz no nome uma origem controversa – pois alguns estudiosos chegam a afirmar que era a denominação para o pau-brasil nas línguas indígenas locais da época do descobrimento –, contém, no entanto, "o nome que vem do tupi Paranã-Puca, que significa 'onde o mar se arrebenta', uma vez que a maior parte do litoral do estado é protegida por paredões de recifes de coral"[69]. Importa, agora, incluir esses dados sobre o estado de Pernambuco, porque João Cabral, nesse livro, ousou incorporar na poética também muito de suas viagens pelos mapas. No caso e no detalhe descritos, encontramos, ainda, um outro fato interessante, o de que os "bueiros da Mata", possivelmente estão no poema na sutil referência às chaminés de usinas, tão comuns na região. Os poemas desse livro, *Museu de Tudo* nos levam, também, a pesquisar tudo!

O poema "Máscara Mortuária Viva" sinaliza certas coisas percebidas no rosto de um defunto que "Na morte estava até mais vivo / o fio sorriso que dizia:", sugerindo, na ousadia de pensar vida-morte como "salas sem saídas", o medo da morte que o poeta confessou tantas vezes. Já os objetos específicos, tais como os do poema "O Número Quatro", aquele que é um número "feito coisa", "ou a coisa pelo quatro quadrada / seja espaço, quadrúpede, mesa," e o "Duplo Díptico", aquele que tem o movimento duplo e afirma a vida que "é presença que em tudo explode", evidenciam o trabalho do artesão, feito com o "nó caroço, duro de osso" da linguagem, e reafirmam a criação, que lateja versos em ritmo de "gaiola toráxica", ou melhor, na respiração presa do poeta, com a métrica dando, em geral, a direção do verso contido.

João Cabral foi um poeta, em *lavoro* e manuseio da escrita, atento a tudo que conseguia perceber a cada vez, e experimentando o ato de feitura do livro (por partes) diante da sua impressora "Minerva", conforme já falamos. Na época, ele estava aprendendo a lidar com essa impressora pesada, que lhe exigiu bastante tempo para entender seu funcionamento. Um projeto moderno? Realmente, um projeto que dá o que pensar, pois não é nada comum encontrarmos um poeta que se

---

[69] Citação colhida em pesquisa na internet. *Wikipédia, a enciclopédia livre*, disponível em: < http://pt.wikipedia.org/wiki/ Pernambuco>, acesso em: 25.02.2007.

tenha lançado, dessa forma, à experiência com a máquina, na dupla tarefa da escrita: escrever e, ao mesmo tempo, imprimir parte de sua obra.

O materialismo, que a exigência implica com esse manejo da impressora, está inserido no ato mesmo da escritura, pois aqui o poeta, de verdade, escolhia letras em tamanhos distintos, e nas formas mais variadas, para compor a portada dos livros em andamento e definir a beleza e a harmonia dos mesmos. Além disso, ele selecionava as tintas para impressão das letras, em doses às vezes excessivas, aprendendo sobre o uso desse material por meio dos comentários que vinham a partir das conversas com o pintor Miró e Enric Tormo, que cuidava das litografias do artista.

A materialidade cabralina exercida na escrita, nesse fazer em luta, também pode ser ouvido como um fazer com a letra: um certo "saber fazer". E que, tendo relação com o estranho freudiano e com a "estranha esgrima" baudelairiana, nessa tensão, nessa "luta", colabora no processo de criação, que se dá "a contrapelo". Convoca-nos o poeta ao *lavoro* difícil, que acontece na contramão do fazer natural. Vejamos o poema "A Lição de Poesia", no qual João Cabral, banhado em águas baudelairianas e muito suor, nos fala dessa luta:

> 1
>
> Toda a manhã consumida
> como um sol imóvel
> diante da folha em branco:
> princípio do mundo, lua nova.
>
> Já não podias desenhar
> sequer uma linha;
> um nome, sequer uma flor
> desabrochava no verão da mesa:
>
> nem no meio-dia iluminado,
> cada dia comprado,
> do papel, que pode aceitar,
> contudo, qualquer mundo.

2

A noite inteira o poeta
em sua mesa, tentando
salvar da morte os monstros
germinados em seu tinteiro.

Monstros, bichos, fantasmas
de palavras, circulando,
urinando sobre o papel,
sujando-o com seu carvão.

Carvão de lápis, carvão
da ideia fixa, carvão
da emoção extinta, carvão
consumido nos sonhos.

3

A luta branca sobre o papel
que o poeta evita,
luta branca onde corre o sangue
de suas veias de água salgada.

[...]
E as vinte palavras recolhidas
nas águas salgadas do poeta
e de que se servirá o poeta
em sua máquina útil.[70]

Ao construir parte do livro *O Engenheiro*, que foi dedicado a Carlos Drummond de Andrade, seu amigo, o poeta se apresenta manuseando, com suor na lide da linha, a matéria de linguagem com toda a força de sua estranheza. Aqui, ao ser nomeado como o outro – na terceira pessoa – ele se mostra distanciado de si mesmo. Encontramos também João Cabral, leitor de Baudelaire, nessa "estranha esgrima", como metáfora da elaboração escritural. E os versos dos dois poetas se mostram interligados pela semelhança com que foram afirmados.

---

70 *Serial e Antes*, p. 43-44.

O fato pode ser verificado agora com os versos de Charles Baudelaire, do poema "O Sol":

> Exercerei a sós a minha estranha esgrima
> Buscando em cada canto os acasos da rima,
> Tropeçando nas palavras como nas calçadas,
> Topando imagens desde há muito sonhadas,[71]

Enquanto Baudelaire prioriza as calçadas da cidade que o surpreendiam sempre, e sua luta com as palavras traduz também o seu interesse pelo mundo novo que surgia, um novo momento do mundo, com os tropeços nos acasos alcançados nos caminhos, João Cabral, em seus versos, enfatiza a luta sobre o papel, com o suor de toda uma noite, aguardando os raios de sol da manhã.

Na leitura de Benedito Nunes, no poema "Psicologia da Composição", de João Cabral, "como não há fuga/ nada lembra o fluir/ de meu tempo, ao vento". Nessa superfície da folha em branco, estão expostas as agonias do trabalho, aguardando "a jovem manhã", que lhe revelará o poema. Esta parece, também, ser uma "tática de Drummond, que combina concentração e paciência numa luta matinal desperta"[72]. Cito os versos drummondianos que exaltam esse esforço paciente, ligado à convivência com o poema:

> Convive com teus poemas antes de escrevê-los
> Tem paciência, se obscuros.
> Calma, se te provocam.
> Espera que cada um se realize e se consume
> com seu poder de palavra
> e seu poder de silêncio.[73]

Ao conviver com as palavras, Drummond descobre o fio da escrita que a paciência auxilia a desvendar. Mas, a superfície da folha em branco, em João Cabral, se torna o lugar onde nasce, igualmente, a experiência de operações, "diminutivas e

---
71 *As Flores do Mal*, p. 319.
72 B. Nunes, *João Cabral de Melo Neto*, p. 53.
73 *Procura da Poesia*, *Antologia Poética*, p. 196.

redutoras"[74], sempre compondo o que provoca o vazio que as palavras colocam à mostra:

> então, nada mais
> destila; evapora;
> onde foi maçã
> resta uma fome;
>
> onde foi palavra
> (potros ou touros
> contidos) resta a severa
> forma do vazio.[75]

Vale lembrar, também, que o poeta Francis Ponge perseverou na escrita e, diferentemente de João Cabral, deu lugar à errância, ao deixar inacabados e em rascunhos seus últimos textos para publicação. Talvez buscasse o "ultrapassamento da poesia pela escritura interminável do poema"[76]; e também o ultrapassamento do poema pela busca interminável da expressão do objeto.

No entanto, embora do mesmo modo tenha tido interesse pela poesia narrativa, o poeta João Cabral permaneceu fiel à sua forma de escrever, preferencialmente em blocos de versos (metrificados e em oito sílabas), enfatizando o real trabalho de construção (pedra sobre pedra), e é isso que o mantém mais crente no verso, tornando-o bastante distinto do poeta Ponge, que abria espaço para a prosa na poesia.

---

74 B. Nunes, op. cit., p. 54.
75 Psicologia da Composição, op. cit., p. 64.
76 J.-M. Gleize, L'Or de la figue, em F. Ponge, *Comment une figue...*, p. 12.

4. O Idioma Pedra

O IDIOMA PEDRA E AS PALAVRAS DE PEDRA

> *Certo não, quando ao catar palavras:*
> *a pedra dá à frase seu grão mais vivo:*
> *obstrui a leitura fluviante, flutual,*
> *açula a atenção, isca-a com o risco.*

O livro *A Educação pela Pedra*, dedicado a Manuel Bandeira, pelos seus "oitent'anos", foi escrito de 1962 a 1965, e vem nos confirmar, com alguns poemas, que essa conversa entre o canavial e o mar ainda compõe parte do cenário da luta entre a lírica e a antilírica, no sopro de uma poética que faz vibrar o que João Cabral aprendeu com Bandeira. Destacamos que, na parte "Nordeste" do livro, o poeta deixa oscilar o aprendizado, diante do outrora mestre Manuel Bandeira, com os detalhes que, colocados em itálico por nós, neste estudo, vão colaborar na reflexão da voz que não soa, garantindo um destaque ao poema "O Sertanejo Falando". Este sertanejo é quem vai apresentar o *idioma pedra* que se fala doloroso:

> A fala a nível do sertanejo engana:
> as palavras dele vêm, como rebuçadas

(palavras confeito, pílula), na glace
de uma entonação lisa, de adocicada.

Enquanto que sob ela, dura e endurece
o caroço de pedra, a amêndoa pétrea,
dessa árvore pedrenta (o sertanejo)
incapaz de não se expressar em pedra.[1]

O sertanejo é o cabra da peste ou o Severino que habita o nosso texto, e é pensado como aquele que carrega a voz *adocicada*. De fato, o poeta escreve ensinando a ler e a escrever *em nordestino*, e como poeta crítico que é, principalmente, nos ensina a pensar a poética. Persiste com a lógica que endurece a palavra, com as *palavras de pedra* que *ulceram a boca* e realizam essa *entonação lisa*, igualada talvez, ou mesmo, nesse tom, mais seco e quase mudo, de um *sertanejo falando*.

O poema "A Educação pela Pedra", do livro com o mesmo título, de acordo com os seus versos, comove ensinando *por lições*. Primeiro avisa que, para aprender da pedra, é preciso frequentá-la, e nada mais sutil nesse aprendizado do que a tarefa de captar a *voz impessoal e inenfática da pedra*:

Daí porque o sertanejo fala pouco:
as palavras de pedra ulceram a boca
e no idioma pedra se fala doloroso;
o natural desse idioma fala à força.
Daí também porque ele fala devagar:
tem de pegar as palavras com cuidado,
confeitá-las na língua, rebuçá-las;
pois toma tempo todo esse trabalho.[2]

Quando, no capítulo anterior, trabalhamos com o processo de fabricação pongiano, inserimos alguns poemas em versos ou fragmentos que nos ajudavam a pensar a obra de Ponge a caminho. Em especial "Le Savon", uma espécie de pedra, mas, que faz falar a "pedra" como um objeto, que se metamorfoseia ao ser tocado pelas mãos (do poeta) que lhe dá inclusive "voz". O esforço do poeta, ao trabalhar debruçado em sua mesa, fazendo

---

[1] *A Educação pela Pedra e Depois*, p. 4.
[2] Idem, ibidem.

uso de dicionários, verdadeiras memórias da língua, é traduzido no espessamento da palavra que pode dar acesso à essência do objeto nessa metamorfose que ela designa.

No caso de João Cabral, nós o acompanhamos ao longo de sua obra, escolhendo os poemas e os vocábulos que abriram um *lugar* poético específico, especialmente com a *cabra* e a *pedra*, provenientes do Nordeste, mas não somente. Queremos dizer que ele construiu, com esse trabalho, alguns versos que dão uma legitimação poética para a língua *nordestina*. Introduziu versos de forma densa, no gesto que celebra outros poetas, entre eles Valéry, com sua construção e lições, e Ponge, com sua materialidade e seu *objeu* –, de forma a dizer o seu objeto: pedra ou cabra. A *pedra-poema* e/ou as *palavras de pedra*, que compõem o idioma de João Cabral em versos, conseguem falar e fazer falar esse universo pedregoso, no desdobramento que o nosso estudo aborda neste capítulo.

Se pudéssemos elaborar um léxico para a leitura desse idioma, reuniríamos não só "as mesmas vinte palavras" já sabidas e afirmadas, mas também os substantivos-adjetivados, com as tantas variações, como as do nome próprio Severino: severino, severina, severinos, ou mesmo com as palavras-cemitério: cemitério, cemitéria, cemitérios, através das quais o ateliê cabralino se estrutura, principalmente, com as pedras em composições-decomposições que trabalham do pó ao tijolo e ao cimento, ou ao recife (aberto também ao nome de cidade: Recife).

As formas e variações que a *pedra* pode nos ofertar são – em uma série de efeitos ou de consequências, ou até mesmo de prazer com o texto poético, neste prazer de fazer a passagem do *objeu* ao *objoie* – uma lição aprendida com Francis Ponge. Assim é que "a máquina útil" do poema cabralino, na ordem "que vês na pedra" ensina de maneira ampla. Ou seja, faz conhecer o objeto como um *objeu*, um objeto verbal, apresentado de forma tal que também possa estar no texto poético *en-abyme*, e/ou introduzindo-se com alguma alegria, portanto, como um *objoie*, deslocando-se.

Dos três primeiros livros, recolhemos os seguintes vocábulos: pó, paralelepípedos, deserto, poeira, objeto sólido, cimento armado, muro, mineral, alicerces, mármores, carvão, ossos. De maneira que conseguimos ler os versos com algumas das vinte palavras e outras que também permanecerão na obra cabralina. Nesse ponto, consideramos a "pedra" como que, comportando em seu peso as muitas outras poéticas que lhe habitam. É o caso de Mallarmé, Valéry, Ponge, Celan, além de outros tantos.

"Se o silêncio é nosso destino, por que pegar a pena?"[3] A pergunta, que pode ter sido feita por muitos poetas, sugere um caminho na escrita e um caminho na singularidade da escrita, ou seja, com o que move a escrita para cada um. Maurice Blanchot desvenda seu *désoeuvrement*, buscando, nas páginas escritas, compor um cenário vazio de verdades e certezas, que insiste na experiência de escrever correndo os riscos de perder-se e/ou de falhar nessa errância. Destacamos a escrita cabralina, na forma como o poeta percorreu seu itinerário, sempre escrevendo e pensando sua *escrita mineral:* "lições de pedra (de fora para dentro, / cartilha muda), para quem soletrá-la", e com as inscrições da pedra e as *palavras de pedra* prosseguimos. Acreditamos que o poema "A Educação pela Pedra" não só escreve, mas confere à escrita "pedra" do autor uma força poética nuclear. Por consequência, "para aprender da pedra, frequentá-la;" movendo-se em um caminho que exige "do movimento da escrita"[4], ficamos conhecendo o desdobramento de fora para dentro anunciado por João Cabral. O poema "Retrato de Escritor", na sua segunda parte, apresenta o escritor junto com os "materiais-da-escrita", num lugar entre o solúvel e o insolúvel, lugar também de um "fora".

> Solúvel: em toda tinta de escrever,
> o mais simples de seus dissolventes;
> primeiramente, na da caneta-tinteiro
> com que ele se escreve dele, sempre
> (manuscrito, até em carta se abranda,
> em pedra-sabão, seu diamante primo);
> solúvel, mais: na da fita da máquina
> onde mais tarde ele se passa a limpo
> o que ele se escreveu da dor indonésia
> lida no Rio, num telegrama do Egito
> (dactiloscrito, já se acaramela muito
> seu diamante em pessoa, pré-escrito).

3 R. Laporte, *À l'extrême pointe...*, p. 67.
4 Idem, ibidem.

Solúvel, todo: na tinta, embora sólida,
da rotativa, manando seu auto-escrito
(impresso, e tanto em livro-cisterna
ou jornal-rio, seu diamante é líquido).[5]

O que aqui se lê, segundo a ensaísta Souza Tavares, é a objetividade que dá forma às coisas-a-dizer. Isto que se vai construindo nessa poética, na intimidade com a matéria e os materiais que passam a ser algo nuclear no poema. Ainda, diríamos, um espaço aberto no movimento de escrever, onde o que se escreve não é da ordem da ficção nem da informação, e que, de certa forma, o livro *A Educação pela Pedra* bem exemplifica aqui, porque é um livro pensado desse lugar, do retrato de um escritor que escreve, na ausência do livro, no sentido blanchotiano do termo. Ou seja, de um "fora", desse lugar que trabalha a noção da *exigência* de escrever, de forma tal que o poeta experimente o exercício da obra que o chama a escrever, que o intima, pois aí está "a irrupção do fora, a exterioridade estremecendo tudo"[6]. O que ainda podemos considerar sobre o "fora" em João Cabral, nos remete a um Nordeste e à vida nordestina, onde, carregando a linguagem de seu povo, o poeta também se ausenta.

O poema "O Motorneiro de Caxangá", do livro *Quaderna*, comparece em idas e voltas com estrofes que se apresentam com estes títulos, confirmando algumas questões da língua nordestina, nas quais vamos nos deter. São "Idas" e "Voltas" em quatro estrofes, que descrevem a "estrada de Caxangá" nas suas muitas voltas. Cito:

IDA
Na estrada de Caxangá
todo dia passa o sol,
fugindo de seu nascente
porque o chamam arrebol.

[...]

---

5 *A Educação pela Pedra e Depois*, p. 34.
6 M. Blanchot, Le Demain joueur (sur l'avenir du surréalisme), *La Nouvelle revue française. André Breton et le mouvement surréaliste*, p. 296.

VOLTA
Mas a estrada não pertence
só ao sol aviador.
É também porto de mar
do Sertão do interior.

[...]

IDA
Na estrada de Caxangá
tudo passa ou já passou:
o presente e o passado
e o passado anterior;

[...]

VOLTA
Mas na estrada de Caxangá
nada de vez já passou:
o verde das canas sobra
nos campos de futebol[7]

Com o uso reiterado do "mas", o poeta sustenta uma dicção que se faz em processos desdobráveis. Cada quadra anuncia, de forma construtiva, o que quer dizer e, na volta seguinte, prescreve alguma outra coisa, que acrescenta ou mesmo desfaz o que foi dito antes. João Cabral diz dessa estrada onde passa o sol, e onde "tudo passa ou já passou", como um filme na memória ou como na própria vida. Na mesma estrada onde "o Recife arrasta as coisas / que do centro eliminou". Em qualquer lugar em que, "por entre carros de boi", diferentemente dos que passeiam de automóvel, os retirantes vagueiam. Com a temática recorrente na obra, que então confere ao *idioma pedra* uma espessura, nessa estrada onde tudo passa, com os retirantes "tirados de todo suor", também passam as palavras portando um *subterrâneo rumor*. São as *palavras de pedra* que, expostas *a palo seco,* reafirmam ao leitor essa forma de habitar o idioma: uma forma mais silenciosa e áspera que busca expressar a perda.

---

7   *Educação pela Pedra e Depois,* p. 225-227.

"A Palo Seco" confere, também, alguma aspereza e despojamento à escrita de João Cabral. Conseguimos pensá-lo carregando, inclusive, "a pele do silêncio", um silêncio paciente que corre dentro da espinha dorsal de sua poética. Vejamos como se mostra esse silêncio, em alguns versos do poema "A Palo Seco"[8]:

> 2.2. Ou o silêncio é pesado,
> é um líquido denso,
> que jamais colabora
> nem ajuda com ecos;
> [...]
> 2.3. Ou o silêncio é levíssimo,
> é líquido sutil
> que se coa nas frestas
> que no *cante* sentiu;
> [...]
> 3.2. A *palo seco* é o *cante*
> de grito mais extremo:
> tem de subir mais alto
> que onde sobe o silêncio;
>
> é cantar contra a queda,
> é um *cante* para cima,
> em que se há de subir
> cortando, e contra a fibra.
> [...]
> 4.2. A *palo seco* cantam
> a bigorna e o martelo,
> o ferro sobre a pedra,
> o ferro contra o ferro;
>
> a *palo seco* canta
> aquele outro ferreiro:
> o pássaro araponga
> que inventa o próprio ferro.[9]

---

8 Traduz-se a expressão como: "com as velas recolhidas". No sentido figurado, ainda: "diz-se da omissão de práxis usuais". E *palo* significa pau, cajado, haste, mastro de navio, perna de uma letra.
9 *A Educação pela Pedra e Depois*, p. 213-234.

Os versos vêm confirmar o movimento da escrita, uma espécie de harmonia que traz também a irregularidade, pois empresta à obra o que não se deixa colocar em obra, já que está sempre em trabalho, *desobrando-se*. É isso que comenta Blanchot, ao falar do que não se fecha na obra e que tem relação com outra coisa: o real. Na situação apresentada nos versos citados, podemos concluir que, ao dizer *a palo seco*, uma outra língua se mostra. Uma forma de determinar outra experiência de língua, que o poeta viveu, e que se insere no seu texto poético para dizer da língua como estranha, estrangeira, com o que não se diz inteiramente.

Falando uma *outra* coisa, a diferença se mostra entre as palavras e as coisas, tanto quanto entre as coisas e elas mesmas, e ainda entre uma linguagem e outra linguagem. Com as palavras de Blanchot, afirmamos algo mais sobre o fora, que se impõe: Este "fora da diferença" faz com que o real não pareça nunca estar presente "no real, mas no saber que o elabora e o transforma"[10], inserindo-o no discurso da obra. Comentamos, ainda, que é desde esse fora que a sua escrita emerge. Momento sem febre nem vertigem, lugar de singularidade e solidão alcançadas.

O desejo era o de construir sua obra de forma inédita, e João Cabral perseverou nos poemas em séries e na arquitetura de construção, embora experimentando com "portas abertas" alguns poemas de métrica mais livre e prosaica, conforme já assinalamos. O poeta ficou reconhecido, principalmente, por "dar a viver no claro e aberto", embora um lado dramático e até melancólico, no sentido literário do termo, estivesse também presente em alguns de seus poemas.

João Cabral construiu o poema "Catar Feijão", tendo em conta a vida levada com o risco de escrever e a dificuldade de fazê-lo. Ele nos diz que "Catar feijão se limita com escrever", e na presença de "um grão imastigável, de quebrar dente", no encontro com a "pedra", deixa ao leitor a possibilidade de deparar-se, uma outra vez, com a "pedra no meio do caminho":

---

10 Le Demain joueur (sur l'avenir du surréalisme)", op. cit., p. 303.

2

> Ora, nesse catar feijão entra um risco:
> o de que entre os grãos pesados entre
> um grão qualquer, pedra ou indigesto,
> um grão imastigável, de quebrar dente.
> Certo não, quando ao catar palavras:
> a pedra dá à frase seu grão mais vivo:
> obstrui a leitura fluviante, flutual,
> açula a atenção, isca-a com o risco.[11]

Na leitura, o poeta nos obriga a fazer uma parada no verso que se impõe com o "duro" grão de feijão, ou a pedra "no meio do caminho". Esse "grão mais vivo" se oferece, portanto, como um ponto ou paragem, na própria construção do verso. O poema "Catar Feijão" nos ajuda a perceber o pétreo de que se compõe a obra de João Cabral, em seus mínimos detalhes, desde a letra até o ponto ou o traço; o hífen. Marta Peixoto observa, em sua análise do poema, que "a repetição da vogal *a* no início e no fim de várias palavras, separa cada palavra da seguinte, obrigando o leitor a considerá-las individualmente"[12], o que vem a justificar a poética do obstáculo, pois impede o fluir da leitura, mais especialmente nesse último verso.

Tal estratégia nos remete ao escrever difícil e no limite do legível, aguçando o desejo de leitura e instiga a atenção para os versos que até venham a ter "horizontais descampinadas", alargando espaços (conforme alguns outros poemas que conhecem métricas mais longas). Por exemplo:

> Entre a caatinga tolhida e raquítica,
> entre uma vegetação ruim, de orfanato:
> no mais alto, a mandacaru se edifica
> a torre gigante e de braço levantado;[13]

Contudo, especialmente, importa para esse poeta registrar a força da escrita que avança à maneira do *mandacaru*, planta da caatinga, que nasce em diferença com a bananeira que só

---

11 *A Educação pela Pedra e Depois*, p. 17.
12 *Poesia com Coisas*, p.182.
13 Duas Bananas & a Bananeira, em *Educação pela Pedra e Depois*, p. 19.

concebe "as bananas sem caroço". O mandacaru padece da pedra, nessa escrita sustentada no silêncio "todo em pontas / do cacto espinhento, bem agrestino"[14]; porque engenha palavras "com a boca para pronunciar pedras"[15]; e palavras de pedras de pontuações duras.

A dicção do poeta faz uso de vocábulos que, em movimentos sucessivos, mostram-se com várias compreensões possíveis. A presença desses sucessivos movimentos aponta para diferentes faces do objeto. "Tal como *faca, severino, cabra*, ou *pedra; a* palavra *cemitério* essencializa-se, ganhando função adjetiva. O polígono das Secas é região cemitéria"[16]. A lembrança, aqui também, é usada na intenção de inserir, inclusive, alguns comentários de Benedito Nunes, segundo o qual escrever tinha para João Cabral uma abertura de pensamento que colocava em jogo, na linguagem, todas essas questões da língua. Um simples substantivo passa a ter outra função, a de um substantivo adjetivado e, na passagem, a palavra experimenta um outro lugar. São esses os movimentos de língua que operam, oferecendo passagens de linguagem, tanto quanto a temática que atravessa alguns poemas e pode dar a conhecer um lado mais obscuro da obra, mais melancólico, no qual, por ora, não nos dedicaremos neste estudo.

Na trilha anunciada na primeira parte do texto, por onde o vocábulo pedra surge "vestido" de seu grão mais imponente: "*récif*", nos versos do poema "Brinde" de Mallarmé, e até o presente momento, percorre-se, na leitura dos poemas cabralinos, esse vocábulo "concreto", duro em sua genial materialidade, nas *mais de mil* faces que ele nos possa ter sido apresentado. Por mais estranho que pareça, as palavras com "um ás de significados, que se erguem em diversas direções e não tendem a um único ponto oficial"[17], são passíveis de fazer uma viagem e construir, ao longo da obra do poeta, com as séries e as repetições e/ou ciclos sonoros tomados por seu fluxo verbal (como no caso dos poemas do Capibaribe), os muitos estados da matéria poética. Essa experiência com a língua

---

14 The Country of the Houyhnhnms, em *A Educação pela Pedra e Depois*, p. 22.
15 Idem, ibidem.
16 M. A. de Souza Tavares, *Poesia e Pensamento*, p. 241.
17 O. Mandelstam, *Colóquio sobre Dante*, p. 28.

e com o corpo, impossível de se imaginar antes de uma obra firmar-se como tal, diz muito do escrever e da forma de escrever uma obra poética.

No "corpo a corpo do olho com a matéria"[18], que é um corpo a corpo crítico, segundo a ensaísta Souza Tavares, amplia-se o nosso olhar. Esta espécie de crítica envolve imagens e conceitos. Nela, estão colocados o olho, o dedo, o tato e o conceito de deslocamento com a observação e a apalpação, por exemplo, que propõem novas formas de inserir o objeto. De fato, é o método de trabalho cabralino que aqui está em jogo com todas as suas sutilezas *à la Ponge*, com "os dez mil dedos da linguagem", de O Sim contra o Sim.

O trabalho que, por vezes, parece ser feito artisticamente, outras vezes, mostra-se como um trabalho de "cirurgião", que corta com "golpe de bisturi" e com o uso de mãos, braços e lentes: "apalpa tudo com o olhar-dedo"[19]. A mestria do poeta João Cabral que, com golpes de contenção, opta por um falar elíptico, com cortes inesperados, trabalha à semelhança do Severino, que se mostra na "presença muda de pedra", porque na vida que ele carrega, o trabalho fere: "é granada de mão / mais ferro que sua pólvora"[20].

Fica evidente no esforço do poeta com a língua que, tal como em "O Sim contra o Sim", o olho-do-poeta desloca a linguagem, trabalhando com a dimensão metapoética, introduzindo comentários críticos e/ou autorreflexivos: "viver para a cabra não é / re-ruminar-se introspectiva". Esta parece ser a forma de João Cabral habitar o seu idioma pedra, ou seja, sem "re-ruminar-se", pois deverá literalmente cavar "a vida sob a superfície" e "desentranhar raízes". Em João Cabral, importa ainda "o jeito de existir Cardozo", seu amigo (sutilmente) inserido sob o esqueleto da linguagem-pedra, que, tanto quanto o Severino, aprimora o idioma aprendido em silêncio, em seu *Moxotó*.

No reduzido léxico de João Cabral, em que *as ideias fixas* determinam o caminho e fixam o que vai lhe interessar prioritariamente, podemos ainda incluir que o "modo da racionalidade cabralina revela-se como um *bisturi*, uma faca, ou seja, um instru-

---

18 M. A. de Souza Tavares, op. cit., p. 259.
19 O Sim contra o Sim, *Serial e Antes*, p. 290.
20 Duplo Díptico, *Obra Completa*, p. 391.

mento a serviço de um parcelamento 'interessado'"[21]. E isto está exposto no poema "Graciliano Ramos", em um dos momentos em que surge a referência às *mesmas vinte palavras*[22]:

> Falo somente com o que falo:
> com as mesmas vinte palavras
> girando ao redor do sol
> que as limpa do que não é faca:
>
> de toda uma crosta viscosa,
> resto de janta abaianada,
> que fica na lâmina e cega
> seu gosto da cicatriz clara.
>
> * * *
>
> Falo somente do que falo:
> do seco e de suas paisagens,
> Nordestes, debaixo de um sol
> ali do mais quente vinagre:
>
> que reduz tudo ao espinhaço,
> cresta o simplesmente folhagem,
> folha prolixa, folharada,
> onde possa esconder-se a fraude.[23]

Naturalmente, percebemos que a redução impõe uma comparação que nos leva ao peculiar do objeto. É o "somente" que vai interessar como forma de reter "a dimensão reduzida e concentrada desta poesia"[24]. O que importa, sobremaneira, nessa poética, na trilha de um idioma pétreo que se constrói com os termos de um léxico, de cuja rudeza faz emergir um modo próprio de dizer a "coisa", é também essa forma contundente de dizê-la. Repare-se nesta estrofe última do poema:

---

21 M. A de Souza Tavares, op. cit., p. 272.
22 Podemos considerar, que o poeta faz uma homenagem ao escritor alagoano Graciliano Ramos. Parece oferecer a ele algo da construção do idioma pétreo. Serão *as mesmas vinte palavras* que o escritor usou em sua obra *Vidas secas*? Segundo A. C. Secchin, esse "poema se constrói com um número aproximado de *vinte* palavras por estrofe (com variantes entre dezoito e vinte e quatro)", *João Cabral: a Poesia do Menos*, p.197.
23 *Serial e Antes*, p. 302-303.
24 M. A. de Souza Tavares, op. cit., p. 272.

que é quando o sol é estridente,
a contrapelo, imperioso,
e bate nas pálpebras como
se bate numa porta a socos.[25]

A força que reduz é a mesma que amplia de forma nova, e que apreende do *rude* a comparação de uma condição severina de viver a sol aberto. Ampliando um pouco mais, podemos acrescentar: condição do homem do Nordeste, condição de quem vive a contrapelo e *a palo seco*, ou seja, sem nenhum acréscimo.

E é com a adjetivação do substantivo, recurso utilizado pelo poeta, principalmente nos poemas de *Serial* (1959-1961), que se configura, ainda e outra vez, o idioma cabralino. Em "Poema(s) da Cabra", do livro *Quaderna*, o poeta recorre ao oximoro e faz uma associação imprevisível: "o negro da cabra é solar; [...] Negra é do sol que acumulou"[26]. O efeito de estranhamento é o que Souza Tavares recupera desta imagem, inclusive, inserindo no texto ensaístico algumas colocações de Marta de Senna sobre "as variantes da adjetivação do substantivo", no que ela acredita ser a grande obsessão de João Cabral: a busca do concreto. Esclarece que, de fato, o interesse do poeta não é por qualquer concreto, mas pelo modo "de *fazer* a dicção do 'real'"[27]. Então, se o solar é relativo à violência do sol, de certa forma a imagem nos incita a ver as realidades nordestinas em cuja geografia a cabra também está inserida.

Sobre o símile "a cabra é pedra", verso da parte 5 do "Poema(s) da cabra", o substantivo adjetivado deixa incompleta a metáfora. De fato, é no "núcleo da cabra" que se mostra o esqueleto, o que vive debaixo: sob. E, aqui, osso e pedra se irmanam. Literalmente falando, é aqui que podemos encontrar o nome próprio do poeta, inserido sob *cabra*, vivendo ali sob a sonoridade nordestina e dentro do vocábulo.

A reflexão ganha força com os versos do poema "A Palavra Seda" (*Quaderna*), em que a metapoética apura a experiência vivida sob a superfície da pele. Aqui o símile, enquanto figura, contém a metáfora inacabada, a expõe e acumula as muitas

---

25 *Serial e Antes*, p. 303.
26 J. C. de Melo Neto apud M. A. de Sousa Tavares, op. cit., p. 333.
27 Idem, ibidem. Grifo de M. A. de Souza Tavares.

tentativas, com as hipóteses de construção dessa poética que se institui, concretizando-se "sob a palavra" que ainda "persiste". A propósito, leiam-se quatro estrofes do poema "A Palavra Seda":

> E é certo que a superfície
> de tua pessoa externa,
> de tua pele e de tudo
> isso que em ti se tateia,
>
> nada tem de superfície
> luxuosa, falsa, acadêmica,
> de uma superfície quando
> se diz que ela é "como seda".
>
> [...]
>
> há algo de muscular,
> de animal, carnal, pantera,[28]
> de felino, da substância
> felina, ou sua maneira,
>
> de animal, de animalmente,
> de cru, de cruel, de crueza,
> que sob a palavra gasta
> persiste na coisa seda.[29]

As estrofes acima apresentam a palavra concreta, mas de forma planejada o poeta faz uso de palavras sensoriais, dirigidas ao tato e à visão. Souza Tavares nos auxilia a refletir, propondo que em João Cabral se passe a "falar do plano da terceira pessoa como o plano construtivista"[30], em que a sua "objetividade" possa ser pensada como "angularizada" (de influência cubista). Ela acredita que, dessa forma, o *eu* é colocado para um espaço-fora, onde permanece "impregnado de uma pesada e

---

28 Assim, podemos observar que o significante "pantera", colocado no verso de João Cabral, revela o leitor de Rainer-Maria Rilke. O poema "A Pantera" está entre os poemas traduzidos por Augusto de Campos no livro *Rilke: Poesia-Coisa*. Na introdução, encontra-se a afirmativa de que há poemas de Rilke que não se pode ler sem pensar em João Cabral. A referência, no caso, é ao poema "Dançarina Espanhola".
29 *Serial e Antes*, p. 230-231.
30 M. A. de Souza Tavares, op. cit., p. 333.

intensional redução"[31]. Aqui, podemos fazer a relação do construtivo da poesia cabralina com este aspecto da poética que não se diz "eu". Apesar de construir-se na singularidade de um idioma, ela, a poética, se diz de um lugar fora, ou mesmo de lugares distintos, conforme já afirmamos anteriormente neste nosso estudo. O uso da língua nordestina é o "fora" cabralino, a forma de o poeta fazer uso da gramática, impulsionado por esse mundo singular: o seu universo nordestino. Poderíamos, ainda, acrescentar, que é o que move João Cabral a escrever provocado e provocando, com a ironia que foi nomeada por ele como dramática.

QUESTÕES DO IDIOMA PEDRA E O "ZELO" COM A LÍNGUA

Encontramos a seguinte definição dicionarizada para idioma: "língua de uma nação, e língua peculiar de uma região." A definição é simples e está associada à língua. Mas, a experiência da língua em João Cabral traduz a maneira de o poeta "habitar o idioma". Aqui, propomos pensar a "língua brasileira", inclusive com os traços singulares e os acentos da "língua nordestina" inscritos nos poemas cabralinos.

Derrida acrescenta que "minha língua, a única que me escuto falar e dou um jeito para falar é a língua do outro"[32]. Esclarecemos, contudo, que o uso do idioma com as *palavras de pedra* em relevo na língua escrita por João Cabral nos favorece a reconhecer os "zelos" da língua, assim chamados por Derrida, por traduzirem alguns pontos em que a língua fala, e que, tomados como apropriação da língua materna, são ainda considerados como a língua do outro. Aquela que, vinda do Outro, permanece como estranha. No caso específico da "língua nordestina", nessa forma nomeada por João Cabral, é a língua que vem deste lugar distante e constrói um "pomar às avessas". São as palavras ásperas, com sotaque nordestino inserido nos versos, como uma língua predileta que leva à casa materna. Enquanto

---

31 Idem, ibidem.
32 *El Monolinguismo del Outro,* p. 39.

língua mãe funciona como um "escuro porto", que não garante nada, porque não se deixa apropriar, ela só se deixa desejar, porque "coloca em movimento todos os tipos de gestos de possessão, de apropriação"[33].

O conceito de língua materna diz respeito à própria singularidade do sujeito. Importa introduzir e destacar que há sempre "mais de uma língua" no interior de uma língua. Podemos pensar que há também uma resistência aos valores de apropriação nacionalista. Confirma-se, inclusive, que se "o idioma não é nunca o mesmo", é por isso que ele é também uma possibilidade de libertação.

A voz da escrita cabralina, especificamente, traz na bagagem o peso e o "espessamento" da língua do poeta, que, de forma engenhosa, diz "escrever em *nordestino*". No poema feito para Rubem Braga, "Pescadores Pernambucanos", João Cabral trabalha com a *langue* e escreve versos sempre em ritmo de "fazer e refazer":

> No mangue lama ou lama mangue,
> difícil dizer-se o que é,
> entre a espessura nada casta
> que se entreabre morna, mulher,
>
> pé ante pé, persegue um peixe
> um pescador de *jereré*,
> mergulhando o jereré, sempre,
> quando já o que era não é.[34]

O passo é o pé que resolve marcando o desejo. E o *jereré* do pescador arremessado apanha o peixe, escolhendo o que pegar na rede *langue*. No pouco que a noite lhe dá, o poeta/pescador (não é bem um pescador, este) quase desiste da pesca e segue para outras paragens. João Cabral nos relembra que o "pescador de redoma" gosta de esperar parado. Talvez, sinalizando a diferença para com o poeta que não espera parado e experimenta o movimento da língua que se move a roçar a mão de quem escreve, em um contínuo de insatisfação. O fato,

---

33 J. Derrida, La Langue n'appartient pas, *Europe*, n. 861-862, p. 86. Entrevista realizada por Evelyne Grossman.
34 *Serial e Antes*, p. 304.

que pode também estar na referência ao incansável uso do(s) dicionário(s), sugere um poeta pescador de palavras que escreve tratando de obter os recursos, *ouvindo* os detalhes sinalizados pela letra. Cito:

> Qualquer pescador de *tarrafa*
> arremessando a rede langue
> dá a sensação que vai pescar
> o mundo inteiro nesse lance;
>
> e o voo espalmado da rede,
> planando lento sobre o mangue,
> senão o mundo, os alagados,
> dá a sensação mesmo que abrange.[35]

João Cabral, um poeta de *duas águas*, "uma das quais possivelmente transformada em pedra"[36] – ou em lama, com tendência à solidificação –, confirma, no conjunto das imagens poéticas que trazem a água, a recorrência de versos que apresentam a feminilidade, a presença do elemento água na mãe natureza. As imagens sensuais misturam "mangue lama", e "entreabre", na textura "morna" do verso, a intimidade de uma mulher. É assim que o poeta nos situa diante desse universo mais íntimo e tingido pela umidade da vida de um pescador-de-palavras.

Seguimos, "pé ante pé", na *langue* cabralina determinada por ele. O poema "Rio e/ou Poço", do livro *Quaderna*, também estabelece uma relação entre água e mulher, na sinuosa imagem recorrente entre a água que corre e a mulher que espera.

> Quando tu, na vertical,
> te ergues, de pé em ti mesma,
> é possível descrever-te
> com a água da correnteza;
>
> tens a alegria infantil,
> popular, passarinheira,
> de um riacho horizontal
> (e embora de pé estejas).

---

35 Idem, p. 305.
36 M. Carone, *A Poética do Silêncio*, p. 48.

Mas quando na horizontal,
em certas horas, te deixas,
que é quando, por fora, mais
as águas correntes lembras,

[...]

água em si mesma, parada,
e que ao parar mais se adensa,
água densa de água, como
de alma tua alma está densa.[37]

Com a loquacidade natural e pensando o elemento água, aqui utilizado no sentido oposto ao de pedra, percebemos o entusiasmo e a generosidade verbal discursiva em que se move o poeta, nesse caso, parecendo desejar nos mostrar os dois lados do projeto de seu idioma: com a pedra e com a água. E se a *pedra* assume o lado que define o áspero e a dureza dos objetos mineralizados, há também poemas, como esse, que podem mostrar-se reproduzindo o frescor do objeto. Todavia, é com a dicção dos versos de "Chuvas", do livro dedicado a José Lins do Rego (1959-1961), que ouvimos a cadência dessa água em movimento, correndo com a chuva. Vejamos no exemplo:

Sevilha, em muitos bairros,
é colorida em pássaro.
Em pássaros ali raros:
araras, papagaios.

[...]

E Sevilha, num caso,
é duas vezes pássaro:
ao sol, seu natural,
e à chuva, casual.

À chuva de outros pássaros,
então, revela os traços:
de pássaro da Europa
ganha então a cor nódoa,

---

[37] *Serial e Antes*, p. 235-236.

[...]

No *Sertão* masculino
a chuva sem dissímulo
demonstra o que ela é:
que seu sexo é mulher.

Por mais que em linhas retas
caia em cima da terra,
caída, mostra a chuva
que é feminina, em curvas.

Reta, é a natureza,
por mais forte que seja,
do Sertão eriçado
onde ela cai tão raro.[38]

Nos primeiros versos do poema, pode-se perceber a forte relação do poeta com a Espanha: O diálogo entre Sevilha e o sertão ou a Espanha e o Brasil, os dois países nos quais a sua poética especialmente se expressa desde 1947, quando João Cabral ocupou o cargo de vice-cônsul em Barcelona.

No poema acima, o detalhe do significante chuva, com suas sutilezas e intensidades, interessa-nos agora. Na obra de João Cabral, o livro *Paisagens com Figuras*, guarda um sem número de poemas dedicados às paisagens de Pernambuco e da Catalunha. Lá onde estão alguns poemas da série "cemitério", e ainda "o feminino" da paisagem espanhola que esses poemas percorrem com as colinas e montanhas "que lá têm seios medidos". Desse momento em diante, em seus poemas, as paisagens da Espanha estarão sempre encarnadas pelo feminino, quer sejam as de *Andaluzia*, em geral, ou as de *Sevilha*, em particular. Reiteramos que, em seus versos, desfilam bailarinas (como Carmem Amaya), e toureiros (entre eles: Cagancho, Manolete, Pepe Luis, Parrita, Guerrita, Miguel Baez, Juan Belmonte). E é surpreendente o fato, no sentido de vir de um poeta que afirmou algumas vezes não ter ouvido para a música, pois o acento que alguns poemas dão às cantoras, como as irmãs de Utrera, vem ratificar a escuta do poeta não só aos ritmos

---

38 *Serial e Antes*, p. 307-309.

semânticos, mas também às cidades e seus ruídos, inclusive os das chuvas, das praças com suas igrejas, dos pássaros, e das pedras e suas raízes.

Retornamos, por conseguinte, à pedra com suas sutilezas. Cito um outro exemplo, que marca a diferença que a palavra *pedra* vem a ter em águas do Capibaribe, fazendo valer, ao redor da imagem fluvial, uma pedra diferente:

Por trás do que lembro,	*Notícia*
ouvi de uma terra desertada,	*do Alto*
vaziada, não vazia,	*Sertão*
mais que seca, calcinada.	
De onde tudo fugia,	
onde só pedra é que ficava,	
pedra e poucos homens	
com raízes de pedra, ou de cabra.[39]	

Não só a memória arrasta na imagem os homens com raízes de pedra ou de cabra, como o verso nos oferta uma outra versão dos homens que não partem do Nordeste ressequido. São os homens fixados na aridez da terra onde nasceram. A analogia ajuda a sustentar a direção de nosso estudo, no sentido de que *o idioma* que fala do homem com essas raízes contém essas mesmas palavras: cabra/pedra.

Deixando, logo, esses vocábulos (pedra e cabra) prosseguirem na caminhada de João Cabral, voltamos ao movimento de seus poemas. Enquanto alguns poemas, como, "Chuvas", vão por curvas e com a cadência sinuosa, outros, como "O Rio", seguem pela paisagem-deserto; reduzidos à pedra. Com os exemplos citados, queremos privilegiar o movimento que essa escrita tem, às vezes voltada ao prosaico, ao que vem sujo de lama, mas, principalmente, dedicando-se à pedra, ao osso que o verso cava, com palavras "em estado de dicionário". Marcamos sempre um lugar valorizado pelo léxico e construído ao longo do caminho, *cabra/pedra* e vice-versa. Se na base de seu processo de criação está o ritmo, como queremos crer, há que se perceber que o movimento dos poemas, em séries, por exemplo, move o fluido, o rio ou o mar, além das figuras de

---

[39] *Serial e Antes*, p. 90.

linguagem e dos objetos pesados, como a pedra e seus derivados, e opera em ritmo denso. Pois a água é o que transporta tudo, e nesse caso, trabalhando lentamente. Vejamos que: "O rio transporta a montanha. O rio é o veículo da montanha"[40]. O trabalho com o minério e seus detritos faz a vez daquele que retoca a obra anunciada pela natureza no tempo.

O escultor Giuseppe Penone, em seu estudo destacado por Didi-Huberman, *Être fleuve*, nos mostra que "para esculpir a pedra em verdade, é preciso ser rio"[41]. Neste sentido, ele está somente confirmando o trabalho que um escultor realiza para revelar a essência, a mais secreta, a da densidade do elemento da pedra. Nada muito diferente do trabalho de um poeta como João Cabral, que busca esculpir o seu *idioma pétreo*, necessitando trabalhar tanto a água quanto a pedra.

Nos poemas de João Cabral, a ensaísta Süssekind encontra, na dupla operação (de espaço e tempo) que esses constroem, enquanto método, um passar do tempo que adquire presença densa. O exemplo escolhido nos ajuda a perceber a tarefa do poeta, nesse lento e árduo exercício. Em "Prosas da Maré na Jaqueira", do livro *A Escola das Facas,* o poema convoca o Capibaribe novamente, relatando o "próprio aprendizado do tempo"[42]:

> Rio com quem convivi
> sem saber que tal convívio,
> quase uma droga, me dava
> o mais ambíguo dos vícios:
>
> dos quandos no cais em ruína
> seguia teu passar denso,
> veio-me o vício de ouvir
> e sentir passar-me o tempo.[43]

A voz e a escrita, nessa tensão de um "vício de ouvir", aqui expressa por quem se oferece ao poema que descreve/narra, ou por quem, em movimento duplo, faz, de forma autoirônica, a paisagem em quadros que se sucedem numa travessia

---

40 G. Didi-Huberman, *Être Crâne*, p. 46.
41 Idem, ibidem.
42 F. Süssekind, *A Voz e a Série*, p. 50.
43 *Obra Completa*, p. 127.

espaço-tempo. O poeta contorna o objeto, descrevendo-o: tarefa aprendida com Ponge. Mistura-se no poema o poeta e o rio – um só – que segue sem deixar rastro.

Dentro ainda do movimento de concretização desse trabalho, não é surpresa que a poeta Marianne Moore seja convocada por João Cabral com uma "espécie anti-sonora de voz". É com ela que ele costuma descrever operações de corte: "bisturi, simples canivete". Essas operações confirmam João Cabral com um trabalho crítico, com as *sempre mesmas vinte palavras* e os versos que se delineiam ao redor de certas ideias fixas "de que bisturi, faca, cicatriz, enxertamento, esquadro (que 'conjuram' a violência e a frieza), estão longe de ser apenas símbolos ou imagens"[44]. Alguns momentos dos versos exemplificam a poesia que maquina:

> Marianne Moore, em vez de lápis,
>   emprega quando escreve
>   instrumento cortante:
> bisturi, simples canivete.
>
> [...]
>
> Com mão direta ela as penetra,
>   com lápis bisturi,
>   e com eles compõe,
> de volta, o verso cicatriz.[45]

A questão principal, a nosso ver, nessas imagens de "técnicas de olhar e tato", nos chama para outra cena poética, em que João Cabral experimenta, junto ou no limite da racionalidade, o seu artesanato mental.

Agora, com os versos de "O Hospital da Caatinga", do livro *A Educação pela Pedra*, nós, leitores, assistimos à configuração retórica do poema, com a inversão do título logo no primeiro verso, como veremos a seguir, e assistimos então, "nesta primeira estância, há um desdobramento metapoético em que é colocada, demonstrada a sua possibilidade, e rejeitada, uma construção

---

44 M. A de Souza Tavares, op. cit, p. 257.
45 O Sim contra o Sim, op. cit., p. 286.

metafórica"[46]. É que vamos dar lugar à metáfora, pensando-a como uma figura usada e mais que isso, "mastigada", no *idioma pedra*, de forma tal que é o "zelo" com a língua cabralina que é favorecido, como se pode comprovar com o poema:

> O poema trata a Caatinga de hospital
> não porque esterilizada, sendo deserto;
> não por essa ponta do símile que liga
> deserto e hospital: seu nu asséptico.
> (Os areais lençol, o madapolão areal,
> os leitos duna, as dunas enfermaria,
> que o timol do vento e o sol formol
> vivem a desinfetar, de morte e vida.)
>
>
> 2
>
> O poema trata a Caatinga de hospital
> pela ponta oposta do símile ambíguo;
> por não deserta e sim, superpovoada;
> por se ligar a um hospital, mas nisso.
> Na verdade, superpovoa esse hospital
> para bicho, planta e tudo que subviva,
> a melhor mostra de estilos de aleijão
> que a vida para sobreviver se cria,
> assim como dos outros estilos que ela,
> a vida, vivida em condições de pouco,
> monta, se não cria: com o esquelético
> e o atrofiado, com o informe e o torto;
> estilos de que a catingueira dá o estilo
> com o seu aleijão poliforme, imaginoso;
> tantos estilos, que se toma o hospital
> por uma clínica ortopédica, ele todo.[47]

Em João Cabral, fala-se da "metáfora-tentativa", aceitando que a sua forma de trabalhar, ou melhor, a sua racionalidade, submete-se a certas fixações, conforme sabemos. De fato, estamos fazendo referência à questão metafórica, buscando inseri-la dentro do raciocínio que usamos desde o início de nosso estudo,

---

46 M. A de Souza Tavares, op. cit., p. 262.
47 *A Educação Pela Pedra e Depois*, p. 23-24.

ou seja, com o que vai privilegiar, na obra cabralina, também os aspectos do incompleto ou de "figuras do incompletamento"[48]. Figuras que aparecem nos poemas metapoéticos, em que se constata o seu artesanato, mas, nesse caso, fazendo e expondo a sua própria construção metafórica.

Entre os versos citados, o poema "O Hospital da Caatinga", formado por decassílabos irregulares, com a segunda quadra na primeira estrofe, entre parênteses, desenrola uma série de metáforas. São *os areais lençol, as dunas enfermaria,* ou *o sol formol* que contribuem a pensar essa construção da metáfora, outra vez, constituída com o substantivo adjetivado. A passagem do substantivo para outro lugar no verso, aqui e agora, apurado, também, como uma passagem pedregosa, porque exige secura da linguagem, se faz abrindo mão dos adjetivos e buscando a mudança gramatical. Então, consideramos o recurso na forma do que restringe a língua, pois desfaz "o efeito mágico da nomeação"[49].

Dentre as imagens recorrentes na escrita de João Cabral há, enquanto polos organizadores, o que podemos nomear como polo do deserto, do arquitetônico, mais próximo do solar e do racional, segundo a ensaísta Souza Tavares, mas há também um outro polo, o que contém o rude e o áspero, o polo do incompleto. No poema citado, encontram-se os dois polos, nos quais podemos verificar que, na obra do poeta, a luta é principalmente pela vida. Nesse contorno geográfico, onde estão inseridos caatinga, bicho, plantas, também estão hospital, deserto, morte.

Em relação a essa questão da metáfora incompleta, que "consiste em contrariar uma visão idealizante da metáfora"[50], segundo Benedito Nunes, parece que ela está associada ao poeta John Donne. Na entrevista concedida por João Cabral, ao *Cadernos de Literatura Brasileira*, em edição de 1996, dedicada ao poeta, ele se refere aos metafísicos ingleses com os quais aprendeu a usar a metáfora e a discuti-la, associando-a a outras, negando-a ou reafirmando-a: "essa técnica eu aprendi

---

48 M. A. de Souza Tavares, op. cit, p. 263. A Autora considera a figura incompleta, porém em movimento, ou seja, em *désoeuvrement*.
49 B. Nunes, *João Cabral de Melo Neto*, p. 59.
50 B. Nunes, apud M. A. de Souza Tavares, op. cit., p. 269.

com os metafísicos ingleses"[51]. Consideramos que, com esse recurso, a escrita cabralina consegue ser lida em processo e se autocorrigindo inclusive, ou seja, em luta, de forma tal que o poeta obriga-se a escrever mais e mais difícil. A chamada *vontade de petrificar* faz com que ele lance mão de alguns recursos, que o ajudam a construir o seu idioma, como um exercício.

A dicção mineral da língua se desloca e se recompõe, entranhando-se na obra do poeta pernambucano de muitas maneiras. Inclusive, como um *fazer* movido às tais *poucas palavras* sempre as mesmas. João Cabral declarou, em entrevista a Joaquim Cardozo, que a meditação sobre o fazer poético era tão presente em sua obra porque o "escritor escreve sobre o que o interessa e assim é normal que eu escreva tanto sobre o fazer poético"[52].

Salientamos que, ao se entranhar na zona da mata, no agreste e no sertão, a poesia de João Cabral ganha força física e expressa alguns fenômenos típicos da região e certos traços dos homens que ali habitam, como, por exemplo, "esta dicção de tosse e gagueira". Na voz do canavial e na lembrança dessa voz, por outro lado, a "Voz sem saliva da cigarra, / do papel seco que se amassa"[53] encontra-se também a presença do sertão e seus ruídos, os inúmeros significantes que farão parte desta dicção mineral já comentada.

O sertão, reconhecido como masculino, é contrário à região úmida da zona da mata, por onde perambulam rios e em cuja morna umidade se faz presente a relação com o feminino em alguns versos. A região se estende entre Pernambuco – "tão masculino", em meio ao engenho Timbó ou aos mangues que "lançam dentro de nós/ nossa culpa mais negra"[54] – compõe-se com a cidade do Recife e o alísio que "baixa coqueirais, canaviais;" com *a brisa alísia* de "Barra do Sirinhaém", que *sopra o mar* e traz o assovio do tempo, em um cenário que o menino de engenho guarda como algo muito especial. De verdade, guardam-se aí muito mais que os ruídos ou as imagens, pois,

---

51 Apud M. A. de Souza Tavares, ibidem.
52 Apud M. de Senna, *João Cabral: Tempo e Memória*, p. 152.
53 A Voz do Canavial, *A Educação pela Pedra e Depois*, p. 98.
54 Descrição de Pernambuco como Um Trampolim, *A Educação pela Pedra e Depois*, p. 105.

no "sertão-osso", o estilo sertaneja e a obra ganha a sua estrutura pétrea.

Com as palavras ditas no poema dedicado a Ariano Suassuna, que também sabe do discurso do sertão, o homem, que "não é só capaz de sede e fome", adquire o perfil de sua força. Na língua que se faz escrever *em nordestino* também conserva e mantém a força do idioma. O livro é *A Escola das Facas*, e o poeta, leitor "dos romances de cordel" com "(fôlego bom, de folheto):" dá seu tom:

> 3
>
> O sobrinho ouvia-o atento,
> e um tanto perguntadeiro,
> do Sertão que havia atrás
> da Mata doce, e que cedo,
> foi o mito, o misterioso,
> do recifense de engenho,
> mal-herdado de algum longe
> parentesco caatingueiro.
> Certo, a lixa de Sertão
> do que faz, em pedra e seco,
> muito aprendeu desse tio
> do Ceará mais sertanejo.[55]

O poema agora dedicado à memória de Manoel José da Costa Filho apresenta, outra vez, o menino "tímido e guenzo" – o sobrinho sensível – que nessa conversa viva recebe do tio "o gosto do esqueleto", o gosto do que há de mais pétreo no sertão:

> 4
>
> O sobrinho era sensível,
> tanto quanto ao romanceiro,
> à atenção que ele assim dava
> ao menino sem relevo,
> em quem se algo se notava
> era seu tímido e guenzo,
> seu contemplativo longo,
> seu mais livro que brinquedo.

[55] Tio e Sobrinho, *A Educação pela Pedra e Depois*, p. 116.

Aquela conversa viva,
nunca monólogo cego,
lhe dando o Sertão, seu osso,
deu-lhe o gosto do esqueleto.[56]

Nas prosas vivenciadas em encontros com esse "tio" cearense, o poema compõe-se ainda com os "zelos" da língua, anunciando a sua presença, em cenas quase de romances de cordel. Lembranças de um defunto cachaceiro, que levado em rede "ao cemitério padroeiro: / acordou gritando: 'Água!'/ e fez derramar-se o enterro"[57]. No relato desse sobrinho-poeta, comentamos que o livro, escrito em 1975-1980, recupera as "lendas" vividas pelo menino *guenzo,* nas vozes e prosas de antes do almoço, aqui referidas. A língua, em seu movimento-motor, busca seus artifícios e desvela algumas coisas escondidas. É dessa maneira que ouvimos as conversas de "gente grande" sob o olhar do menino que "muito apreendeu desse tio / do Ceará mais sertanejo". Por aqui, o léxico continua nos levando pelos engenhos da memória cabralina. *Guenzo* diz-se do menino do Nordeste, inseguro e bamboleante ou apenas de um menino magro.

Introduzir alguma diferença entre o idioma e a língua materna importa muito. No caso de João Cabral, e baseando-nos no discurso de Derrida em Marrocos, o idioma que se constrói "não é nunca o mesmo ou a identidade de si próprio"[58]. Ou seja, há sempre um afastamento do que se fala e que já chega à língua assim, como algo intraduzível. Entende-se a afirmação de que o idioma nos liberta, com um detalhe sutil, mas de extrema importância, pois distendida a língua, retirando-se desse lugar primeiro que dizia respeito especialmente ao outro, ela, a língua, experimenta e conhece, com esses seus artifícios, a liberdade.

Em João Cabral, é no detalhe da letra, na maneira como a cidade de Recife ganha o sexo feminino, no poema do livro *A Escola das Facas,* que o poeta nos apresenta, no dístico final, com realce em itálico, o seu trabalho com a letra. Não podemos deixar de destacar, sobre a letra em *itálico,* este oblíquo

---

56 Idem, ibidem.
57 Idem, ibidem.
58 J. Derrida apud P. Ottoni, Os Enigmas da Tradução entre a Língua e o Idioma. Aula inaugural no Instituto de Estudos da Linguagem na Unicamp, em 10 de abril de 2006. Inédito.

inscrito no verso, que Blanchot nomeou-a de letra feminina, e de parceira da letra em romano. Está, nesse caso, em relevo o que é nomeado na gramática como artigo definido, e utilizado com um significado que nos demanda trabalho de "tradução" no interior de nossa própria língua:

> Se o Pernambuco da época
> estimasse o manso déspota,
>
> não o levaria a Moreno
> ou à Casa-grande do engenho.
>
> Levá-lo-ia ao conchego
> de São José, de seus becos,
>
> onde *o* Recife secreto
> é *a* Recife, muda o sexo.[59]

Esses versos do poema "O Engenho Moreno" contam sobre o tempo vivido pelo poeta nos engenhos de açúcar do município de Moreno, e trazem o detalhe que guarda o segredo da forma coloquial de o pernambucano nomear a sua capital. Quem nasce em Pernambuco, carinhosamente, nomeia a sua capital no masculino, o Recife. São esses "zelos" com os quais a língua trabalha e que, apresentados nos versos cabralinos, aqui se confirmam. Mas, os conchegos dos bairros e dos becos dessa cidade, com a mudança de sexo no verso final, trazem a sua intimidade despertada.

Catando o nosso feijão, buscando (re)compor alguns destaques da língua do Nordeste, vamos prosseguir investigando como João Cabral deu à pedra uma estrutura inimitável na poética. De fato, ele foi construindo sua obra como um arquiteto, ou melhor, como um filólogo, com os seus blocos de palavra e métrica firmados cada vez mais fortes. E foi também se escrevendo, inserindo-se nessa poética que se fez com as palavras-*objeus:* cabra/pedra. De tal forma que, se a cabra é pedra, Cabral desloca-se aí de uma maneira que vai do nome próprio à coisa, podendo até experimentar, na passagem já nomeada por Blanchot e reconhecida por nós, o lugar do Neutro. Nesse lugar de perda,

---

59 *A Educação pela Pedra e Depois*, p. 100.

na tensão dos versos que escrevem e inscrevem o poeta na linguagem, nesta forma-fórmula agora por nós firmada: Cabral/ Cabra, percebemos claramente o que pode realizar a linguagem pois, nesse caso, permite ao nome de família assinar-se em outro lugar, ou seja, na pedra tanto quanto na cabra.

Um lugar onde Cabral, transformado em outra coisa, "*contrassina/ contresigne*"[60] seu poema. *Contrassinar* é assinar negativamente, é habitar o texto sem estar lá com a assinatura do nome próprio. Retomo a explicação de Derrida, ao destacar como acontece esse mesmo fato com o poeta Ponge:

> A contra-assinatura deixa-o ser (deixa-o viver, como ele disse do objeto de amor em *Proêmes*). Isto é também verdadeiro tanto do lado da coisa quanto do lado de Ponge, de onde este sentimento, ao lê-lo, de engajamento vital *e* de desenvoltura, como de quem sabe ser aqui e no mesmo instante se liberar, quem se sabe liberado[61].

O movimento é o mesmo, de engajamento e de desenvoltura. E vamos nos servir desse conceito de *contra-assinatura* de Derrida, para pensar como um poeta escreve o nome próprio em um poema, inserindo-o na coisa escrita, na qual ele se perde na assinatura, porque há o nome e há a perda do nome, que se transforma apenas com a mudança de algumas letras colocadas no jogo da linguagem; o mesmo jogo que a palavra *objeu* nos oferece. A *contra-assinatura* possibilita à própria escrita assinar-se. Ela se designa, descreve e inscreve a si própria como ato (ação e arquivo).

No caso de João Cabral, conforme vimos na primeira parte deste capítulo, a mudança não se faz declaradamente, mas há na nossa percepção de leitura da "cabra" algo que "carrega" e engendra o nome de família do poeta. Então, podemos dizer que há a pedra na perda do nome de família, que passa a figurar em outro lugar, na cabra cabralina. O nome que foi recebido pela herança da linhagem paterna, vinda da família de seu pai, Luiz Antonio Cabral de Melo, passa a ser o suporte da diferença que se instala nessa poética.

---

60 O termo em francês foi construído por Derrida. *Contresigner* significa inscrever-se no texto com o seu próprio nome de família, passando a ocupar outro lugar (de coisa ou animal).
61 J. Derrida, *Signéponge*, p. 44.

A ESCRITA "CABRA"

Na escrita do poeta João Cabral de Melo Neto, a questão do nome próprio se configura como um enigma. Coloca-se presente uma materialidade até então não pensada, que não se desloca de sua poética e antes nela encadeia o nome próprio, fazendo a relação do nome com o idioma pedra. Mas, não vamos afirmar que a "cabra" feche um registro de escrita, pois o poeta consegue nos apresentar, sempre em ritmo árido, algo maior e ímpar. É o que vimos, ao longo deste estudo, partindo da premissa de que o poeta trabalha em processo de fabricação. Ou seja, ele trabalha construindo sua obra, seu *lavoro*, seu "pomar às avessas".

Permanecemos, até agora, instigados pelo vocábulo *cabra*, e reconhecemos no nome próprio de João Cabral, o animal, habitante das terras altas ou pedregosas. No entanto, há mais coisas a investigar no rastro desse nome que o poeta vai carregar na obra de forma bastante singular.

O que é um enigma? A palavra pode ser definida como portando algo obscuro, ambíguo. Uma questão ou problema que pode ficar com o sentido mais difícil de ser alcançado ou decifrado. Podemos pensar que é alguma coisa difícil mesmo de compreender e de explicar. Observamos que sobre o "Poema(s) da Cabra" João Cabral falou muito pouco. Vamos aproximá-lo, agora, do nome próprio do poeta, pois, como já afirmamos, em seu nome encontramos o outro nome: Cabra(L).

Pensamos ainda, instigados pelo significante "cabra", que assim como nós reconhecemos no nome próprio do poeta, o animal, ele também deve ter percebido essa possibilidade. Um nome próprio que carrega um animal: a cabra, e que aqui pode-se refletir como um recurso da linguagem inserida na poética, tanto quanto um peso obscuro e denso, que ao mesmo tempo exige trabalho e favorece uma trilha a percorrer.

No nome próprio do poeta, portanto, lemos duas vogais iguais: a letra A, e quatro consoantes: C, B, R e L. Um nome próprio que porta as três primeiras letras do alfabeto: A, B, e C. É assim que encontramos o nome deste poeta, marcado de letras de forma peculiar. Trabalhando um pouco com as palavras, e colocando-as no que vou chamar de fórmula Cabral, a partir de seu "Poema(s) da Cabra", aproximaremos o leitor dessa construção: Cabra/ Cabra(l). A fórmula que construímos é, portanto: Cabra/Cabral ou Cabral/Cabra. Conforme sabemos, no Nordeste (em Pernambuco), lê-se cabra também como voz sinônima de homem forte, sujeito petulante. Cabra danado é um termo bem popular: "cabra da peste!".

Não há no Brasil nenhum estudo sobre o nome próprio de João Cabral. Assim, faremos essa aproximação do nome do poeta com o "idioma pedra", construindo com delicadeza algumas possibilidades. Por exemplo: a do ritmo que a sua obra teve e fez questão de permanecer tendo. Um ritmo em que o obstáculo, a pedra, o vocábulo duro, se manteve marcando a escrita: um ritmo de *cante andaluz*, segundo as palavras do poeta; "um *cante* sem mais nada", ou ainda, um ritmo que se escreve "catando feijão", escolhendo e separando o grão-pedra para fazer uso dele. Dessa maneira, o poeta evitou a melodia ou o ritmo que embala, e não construiu uma métrica de sete sílabas, o que é tão comum no Brasil. João Cabral preferiu quase sempre o ritmo menos usado, de oito sílabas, um ritmo mais duro. Lembramos que, assim, o poeta escreveu mais próximo do estilo francês, no qual as rimas toantes (quase inaudíveis) o favorecem, emprestando "a máscara de versos livres"[62].

Algumas notas sobre a "Cabra", recolhidas em pesquisa, vão conferir ao nosso estudo uma ordenação ainda na trilha dessa materialidade que carrega traços da cultura de nosso país. Em Câmara Cascudo lemos:

CABRA - cabriola
Terrível papão para meter medo aos meninos e contê-los nas suas travessuras. Segundo os nossos contos populares, a Cabra-Cabriola é um horrível monstro, de enormes fauces e dentes agudíssimos, a deitar fogo pelos olhos, pelas narinas e pela boca, e que nas suas excursões noturnas, para dar pasto à sua voracidade, astuciosamente penetra nas próprias habitações e devora quantos meninos encontra[63].

---

62 J. Castello, *João Cabral de Melo Neto: O Homem sem Alma & Diário de Tudo*, p.154.
63 *Dicionário do Folclore Brasileiro*, p 213.

Ainda em estudo de tese de Jacqueline Penjon[64], pesquisamos o nome Cabra e o encontramos associado aos indígenas. Cito: "Notamos que segundo Bluteau, os portugueses teriam dado este nome aos indígenas, a todos os índios que pareciam ruminar como cabras, mastigando o bétele"[65]. Esclarecemos que *bétele* é uma mistura de folhas de uma pimenteira exótica, de fumo, e de coco de areca, utilizado nas regiões tropicais.

Então, sobre a cabra, priorizamos ainda o seu olho, utilizado na expressão popular: "Seu olho de cabra morta do inferno!". E acrescentamos que o olho da cabra traz uma particularidade especial que a faz reconhecida e temida no Nordeste. O olho da cabra, por ter a pupila em forma retangular, fica associado aos olhos do demônio, aqueles olhos nunca vistos, mas temidos, já que são olhos apenas imaginados, e que, por essa razão, compõem parte do folclore e do imaginário popular do Nordeste.

Se o poeta João Cabral deixou em aberto a possibilidade deste estudo, ou se não valorizou em seu nome próprio algum caminho, jamais saberemos. Instigados pelo estudo com a letra, abrimos ao leitor essa leitura construída com a marca do nome próprio na poética que se funda no "idioma pedra". De fato, é com o estudo das letras e das vogais, mas também com o ritmo áspero, que se torna possível deduzir que o nome do poeta Cabral realiza esse caminho na linguagem, à qual se define com as características situacionais de um Nordeste que mora, inclusive, nesse nome.

Da pedra à cabra e da cabra ao nome próprio do poeta João Cabral, encontramos as muitas entradas que a obra nos possibilitou conhecer ao longo deste ensaio. E já percorremos a trilha das *mesmas vinte palavras*, como também a dos substantivos adjetivados. Agora, ficamos em contato com o nome do poeta que se insere na poética tomando as vestes de um animal, escolhido pelo próprio poeta para definir a sua escrita: cabra. Tanto ou mais para firmar o idioma, pois se "a cabra é pedra", é *pedernal*, nos acrescenta o poema que faz a relação da cabra com a pedra muito dura.

Podemos deduzir que algo da negatividade cabralina também aí se manifesta, pois ele consegue subtrair-se e, retirando-se,

---

64 *Nature et Culture. Dans le Roman Brésilien contemporain*, p. 70.
65 Idem, ibidem.

apagar o próprio nome, que passa a se instalar na pedra/cabra. De forma surpreendente, o poeta experimenta este lugar sem lugar, que é reconhecido, nos estudos de Derrida sobre Ponge, como um lugar de desaparecimento e apagamento. Decerto, João Cabral, leitor de Ponge e do poema "Éponge" ou "Le Savon", cuidou de ler atenciosamente esses estudos-experimentos com a língua, em que o poeta francês conheceu não somente o termo de uma analogia, como o de uma metáfora que se metaforiza ela mesma. É o que afirma Derrida:

> Na medida em que ela ingere, absorve, interioriza tudo, próprio ou não, a esponja certamente é "repugnante". Como seu nome, ela faz água de todo lado. Mas ela pode também, aplicada à superfície, esponjar, limpar, apagar. Esponja esponja, a esponja esponja, a esponja é Ponge: por exemplo, uma escrita ou uma assinatura, ela pode também apagar os traços de giz sobre um quadro, uma mesa ou uma ardósia[66].

Todavia, se a técnica do uso do nome próprio do poeta se estabelece a cada poema, e, um a um, tanto a tecnica de João Cabral como a de Ponge, conseguem experimentar lugares distintos na paisagem textual. A passagem se faz como se a coisa devesse absorver o nome próprio, para guardá-lo. Em João Cabral, assistimos, em diversos momentos de seus poemas, o que ele faz para levar o leitor a percorrer, no aprendizado com a letra, o movimento da escrita que se cava. Não vamos nos deter outra vez nesses detalhes já conferidos ao longo deste estudo. Vamos, apenas, deixar claro que João Cabral, sendo um poeta crítico e atento à letra, ao mínimo pontual, foi construindo seu projeto poético inclusive, inserindo-se no poema.

Tanto a cabra como a pedra, em um deslocamento sonoro, (c)abra/(p)edra, passeiam pelo Nordeste de João Cabral levando-nos, às vezes, como um Severino, ou seja, aquele que olha e vê na paisagem o ritmo da vida e suas diversidades. Sente-se o que faz trabalhar a língua e seus mistérios pedregosos. Do latim, pela raiz da palavra, buscamos construir, ainda, do nome próprio *Severinus*/Severino para o adjetivo *severus*/severo, encontrando alguns significantes interessantes: rígido,

[66] *Signéponge*, p. 60.

rigoroso, austero, elegante, duro, áspero, que não apresenta ornamentos. E João Cabral persegue, desta outra forma, a sua poética, sempre com rigor e elegância, qual um *Severinus*, e como um *imperador* de línguas, capaz de fazer trabalhar as raízes das palavras e as coisas que elas carregam. Poderíamos associar algo mais, mas deixamos isso para um outro momento, ou para àqueles que estudam as línguas, o que aqui não é especificamente o nosso interesse. No entanto, ainda queremos dizer que o fato de João Cabral privilegiar, entre as línguas, a portuguesa, a espanhola e a francesa, em versos dedicados aos poetas, aos toureiros, às *bailadoras* e aos pintores amigos, principalmente destes países (Portugal, Espanha, e França), nos ajuda a verificar que há, nesta *escrita* "pedra", algo da origem de nossa própria língua vernácula, aqui vestida de Nordeste, com alguns vocábulos em versos, fazendo o *lavoro* e deixando ver a palavra e seus mistérios, com suas sombras e seus assombramentos.

A escrita cabra(l) assim como a escrita *(é)ponge* nos obriga a ler *isso* que se escreve e muito mais. É que a poesia pode efetuar passagens que deslizam no texto, levando o assombro e o assombrado. Percebemos, e mais que isso, somos convocados a partir das leituras de Derrida e de Ponge, a ler as letras dos nomes próprios dos poetas também nas coisas e/ou animais colocados em suas poéticas.

Havíamos aprendido, com Blanchot, que o apagamento do autor oferece àquele que escreve, pensando a escrita como experiência, um lugar à margem. Agora, com este nosso estudo, conseguimos *ouvir* que a pedra também guarda particularidades e ressonâncias que trabalham com a língua, em processo de *désoeuvrement*.

5. **Cabral,** Cabra

A escrita de João Cabral confirma um poeta que pensou na palavra concreta como mais sensorial que a abstrata, e readquire a certeza inabalável de que "a poesia é linguagem racional que se dirige à inteligência através da sensibilidade"[1]. Encontramos nas "palavras de pedra" palavras do "idioma pedra", em uma situação particular na qual o poeta nos mostrou sua obra, agora batizada também na singularidade de uma escrita mineral com a sonoridade da cabra. Sim, as pedras recolhidas ao longo do caminho – os vocábulos concretos –, estabeleceram novos critérios ao nosso olhar de leitor da obra de João Cabral. Não fossem as muitas leituras e o estudo de alguns poemas e das palavras-*objeus* de Francis Ponge, com certeza, não conseguiríamos alcançar essa outra forma de ler e pensar o idioma cabralino.

Queremos salientar que é no percurso mineral, perseguido insistentemente por João Cabral desde o primeiro livro *Pedra do Sono,* no qual o significante aparece pela primeira vez e em língua estrangeira, *récif,* que fomos aguçando a nossa sensibilidade, ou melhor, fomos recolhendo as pedras e seus derivados. As muitas formas em que o vocábulo se destaca em

[1] F. Athayde, *Idéias Fixas de João Cabral de Melo Neto,* p. 11.

versos, nas nuances que o poeta, também leitor de outros poetas, o escreve, vão-se instalando no cenário da obra desse escritor, formando um léxico vivo, pedregoso e, acima de tudo, solidificado na aridez e na luta com o dicionário. As palavras de dicionário, inclusive etimológico, de rimas (internas), e/ou de sinônimos, evocam ainda o aprendido com Francis Ponge, ou seja, escrevem uma poesia da poesia. E não estamos priorizando o "saber", mas o desejo que elege a ambição de um projeto em obra, ou em um projeto de obra, conforme o poeta João Cabral gostava de dizer em entrevistas. Diríamos ainda: um projeto em processo de fabricação.

O poeta impõe, de fato, o tom de sua luta em uma vida voltada para escrever poemas "quebrando a cabeça", sustentando um ritmo sintático que não é musical, um ritmo *a* "palo seco", no qual a sua poética se define antilírica. João Cabral, seguindo fielmente o aprendido com o pensamento de Paul Valéry, perseguiu o poema como uma espécie de máquina, fazendo uso de um raciocínio lúcido na construção dos versos. A tensão que reduz o seu léxico em torno das "ideias fixas" *com as mesmas vinte palavras*, ligando alguns contrários, ou sublinhando as suas contradições, o favorece, fazendo e refazendo essa tensão, em um *fazer* que acrescenta suor e racionalidade ao concreto do vocábulo. Relembramos que a negatividade, que se encontra em sua poética, compõe-se dispondo do uso de palavras como secura e vazio, por exemplo, como se buscasse sempre, e a contrapelo[2], a retração da linguagem, para chegar, nesse movimento de retração, à pedra como um estado de materialidade máxima.

O gosto é pela propriedade física das palavras e por sua espessura semântica, ou melhor, buscando o lado sensível que cada palavra experimenta como "coisa". É com o intuito de pensar essa poética, trafegando no espaço da obra em movimento, e traçando um "espesso" e denso percurso de escrita, que percebemos também os poemas "O Rio" e "O Cão sem

---

2 Na entrevista coletiva, em resposta dada ao pianista Arnaldo Estrela, do *Zero Hora* de Porto Alegre, 1976, o poeta declara: "Ora, meu interesse vital, sujeito astênico, de pressão baixa e sono fácil, não é o de dormir, mas o de despertar. Não a sensação a-favor-do-pelo; a irritação a contrapelo é o que procuro". F. Athayde, op. cit., p. 62.

Plumas". Poemas com versos que apontam as "viagens" do imaginário do poeta por lugares de infância, ou circulando em outras terras e outras línguas, concedendo-nos a presença da memória involuntária, algo do intemporal, ou seja, do tempo perdido proustiano.

Demos ênfase à dificuldade em escrever, comentada pelo poeta, quando a escrita é da ordem da experiência, e às idiossincrasias cabralinas que, evidentemente, devem ser lembradas, pois João Cabral vê o mundo em suas diferenças, e prioriza escrever em *nordestino*, ainda que permaneça sempre alerta aos pontos de semelhança e diferença entre as cidades de Recife e Sevilha, principais regiões de sua poética.

Perseverando com Blanchot, podemos ainda constatar que escrever não é deixar traços, mas apagar os traços, ou melhor, desaparecer no espaço fragmentário da escrita sem a algazarra da destruição, ocupando o lugar do Neutro. Com certeza, João Cabral nos deixou em seus versos uma tarefa difícil. A sua obra contém, ainda, afirmações que suspendem algumas verdades da técnica, pois enfrenta o não saber da escrita com "palavras impossíveis de poema".

Os poemas cabralinos em prosa e os escritos com a métrica mais livre, comprovam uma escrita que se faz nessa experiência, ousando em alguns momentos sair da métrica contada e lançando o poeta ao novo, pois "a obrigação do poeta é criar objetos [...] e a sensibilidade é tanto maior e mais ampla quanto mais aberta"[3]. Esta fala de João Cabral, que define a sua busca pelo objeto poético sob a influência das suas inúmeras leituras, apresenta-o cumprindo a função de "*donner à voir*" (dar a ver), de forma inédita para a poesia brasileira.

João Cabral que, inclusive, se inscreve em seus poemas na intrincada tarefa de se apagar como autor, logrou, de maneira única, não apenas escrever com o eu-lírico cedendo "lugar a uma retórica narrativa, descritiva e dramática"[4], como no poema "O Cão sem Plumas", no qual a voz do narrador (em 3ª pessoa) desvenda cenários do denso rio e seus habitantes, com as suas invenções e símiles (por exemplo "rio-cão"), mas

---

3 Entrevista de João Cabral para *O Poti*, em Natal, 22 de fev. de 1976. apud Z. Mamede, *Civil Geometria*, p. 152.
4 M. Peixoto, *Poesia com Coisas*, p. 91.

também apresentou algumas variações para o lugar do Neutro ou do apagamento do autor.

Vale a pena destacar que João Cabral, enquanto caminhava na construção de sua poética, até chegar a inserir-se no lugar da cabra, em alguns de seus poemas exercitou desaparecer. Trabalhou com o *objeu* no jogo com a palavra "cabra" (que se mostra dentro de seu nome de família), tanto quanto com o "Severino" e/ou o "rio". No caso do poema "Morte e Vida Severina" o trabalho se fez com a voz do nordestino, e em "O Rio", o poeta e o rio são um só, ou melhor, o rio é o narrador das memórias cabralinas. Todos, objetos dessa poética, compondo o idioma mineral, que se mostra em processo de fabricação na escrita, fazendo uso do movimento da linguagem e das coisas, mais especialmente, das "coisas de não" (expressão usada em "Morte e Vida Severina").

Ao pronunciarmos que a pedra afirma a obra desse poeta nordestino, consideramos também que o trabalho com o objeto verbal – o *objeu* – compartilha um lugar habitado pelo idioma. E, certamente, dissocia a escrita do nome da assinatura. Por consequência, de acordo com o que lemos em Derrida, tal dissociação apaga o que ela, a assinatura, guarda. A pedra, portanto, lugar central dessa poética, consegue também encerrar, prioritariamente, uma impossibilidade.

Em relação ao "inacabamento", nesta leitura final que ora priorizamos em João Cabral, há essa impossibilidade de se conseguir uma apreensão total do objeto, e são os poemas em série que nos conferem o entendimento para esse fato. Eles, que se sucedem mostrando vários ângulos de um mesmo objeto, também conseguem revelar até onde o *olhar* vai. Os cemitérios dos versos cabralinos, no caso, adensam a ideia da morte, conforme já afirmamos neste estudo, mas a intensa presença desses cemitérios, ao longo dos versos, não consegue nos dar nenhuma ideia de totalidade, só significados parciais. E as técnicas, tão bem usadas por João Cabral, vêm sublinhar essa afirmação, porque os "blocos" de versos (assim nomeados por Benedito Nunes), em "O Mar e o Canavial" e o "Canavial e o Mar", por exemplo, ligam termos básicos, mar e canavial, mas deixam perceber uma lógica que não é redundante em sua repetição. Em especial, a prática diz do trabalho de pintores cubistas com seus quadros de figuras geométricas, com essa "construtividade cubista" inserida no jogo das palavras (jogo de imagens, jogo de ideias), e que se faz com deslocamentos, fragmentações, contrastes e simetrias, apresentando também uma mesma coisa que não é nunca a mesma. Nesse caso, o inacabamento pode ser entendido como parte desse processo de construção.

No contexto que estamos aqui privilegiando, no jogo com as palavras em suas múltiplas maneiras de fazê-las participar da construção dos poemas, observamos, no estudo dedicado à obra de Francis Ponge, que alguns aspectos desse jogo com o objeto verbal têm estreita relação com o trabalho poético de João Cabral. A sua forma de fazer poesia, nomeada também como *relojoaria*[5], um trabalho de "atividade material e quase de joalheria"[6], construindo com as palavras "pequenos objetos para adornos das inteligências sutis"[7], trabalha na obrigação de inventar um objeto, um poema, que cause emoção no leitor.

Refletimos que, por seu lado, talvez Ponge tenha tido, inclusive, a ambição de fundar um *dicionário*, "*d'instituer une langue*"[8], de acordo com o já afirmado por alguns estudiosos de seu trabalho, pois sua poesia foi uma poesia da língua, uma poesia da poesia. Porém, o que foi mais pesuliar ao autor é que, com esse trabalho, no momento em que as significações não eram simplesmente as significações, quando ele pôde até se equivocar com as palavras e tropeçar, permitindo que a linguagem corresse, escreveu autorizando-se na experiência da errância. Isso, diferentemente de João Cabral, que permaneceu mais crente na métrica e fiel ao processo construtivo da obra, embora tenha também conhecido o trabalho com a língua, construindo um *idioma* ao estabelecer inúmeros novos paradigmas na poesia brasileira.

As lições do poeta, repetidas ao longo do texto, ensinam poesia aos seus leitores, e ensinam com uma voz que aprende

---

5 "Esse mecanismo do objeto é a retórica do objeto. [...] É preciso que esse mecanismo de relojoaria (que mantém o objeto) nos dê a arte poética que será boa para o objeto". F. Ponge apud L. T. da Mota, *Francis Ponge, o Objeto em Jogo*, p. 47.
6 J. C. de Melo Neto, Poesia e Composição, *Obras Completas*, p. 728.
7 Idem, ibidem.
8 C. Prigent, *Ceux qui MerdRent*, p. 88.

da pedra, ou aprende a pedra, ela mesma, com sua vitalidade e presença corpórea, com toda a sua materialidade. O poema "A Educação pela Pedra" destaca-se e nos esclarece sobre a sua poética porque põe o poeta a trabalhar fazendo do leitor o seu aprendiz. Saímos desse texto cabralino agradecidos: aprender da pedra e viver, enquanto leitores, continuamente aprendendo por lições.

Permanecemos convocados para a escuta e para a leitura, à maneira pongiana, da percepção do *objeu*, em seu caráter, inclusive, mudo. E, mais ainda, seguimos atentos experimentando na leitura a palavra *aberta,* alargando seus próprios limites e formas, girando-a em ângulos inusitados, com as muitas maneiras de pensar e conhecer o mundo.

A escrita de João Cabral, constituindo-se na qualidade da pedra, propõe o "modelo exemplar de uma ética e uma poesia"[9]. Mas também expressa o que escapa e resiste. O aspecto que sobressai em sua poética traduz, sobretudo, o enorme esforço do poeta para buscar ser como a cabra de seu poema, sobre a cabra "capaz de pedra", ou como "O Sertanejo Falando", que, com "as palavras de pedra", implica-se na vida, mas não só na densidade e na resistência da pedra, pois deseja avançar um pouco mais. João Cabral, com esse fazer difícil de sua poética – esse "fazer contra" – apresenta-se incansável no seu método de construir. E constrói, de fato, a sua obra "na página dura de um muro de pedras"[10].

---

9   M. Peixoto, op. cit., p. 191.
10 The Country of the Houyhnhnms, em *A Educação pela Pedra e Depois,* p. 26.

Referências Bibliográficas

DOS AUTORES

João Cabral de Melo Neto

João Cabral de Melo Neto. *Obra Completa*. Rio de Janeiro: Nova Aguilar, 2003 (volume único).
Prosa. Rio de Janeiro: Nova Fronteira, 1998.
Serial e Antes. Rio de Janeiro: Nova Fronteira, 1997.
A Educação pela Pedra e Depois. Rio de Janeiro: Nova Fronteira, 1997.
Cadernos de Literatura Brasileira: João Cabral de Melo Neto. São Paulo: Instituto Moreira Salles, 1996.
Morte e Vida Severina e Outros Poemas em Voz Alta. Rio de Janeiro: José Olympio, 1984.

Francis Ponge

Picasso évidemment. Paris: Galilée, 2005.
Francis Ponge Pages d'Atelier 1917-1982. Paris: Gallimard, 2005.
A Mimosa. Trad. Adalberto Müllher. Brasília: Editora da UnB, 2003.
A Mesa. Trad. Ignácio Antonio Neis e Michel Peterson. São Paulo: Iluminuras, 2002.
La Table. Nouvelle édition revue et augmentée. Paris: Gallimard, 2002.
O Partido das Coisas. São Paulo: Iluminuras, 2000.

Oeuvres complètes. Paris: Gallimard, 1999, vol.1.
Lettres à Jean Thibaudeau. Cognac: Le Temps qu'il fait, 1999.
Comment une figue de paroles et pourquoi. Paris: Flammarion, 1997.
Métodos. Trad. Leda Tenório da Mota. Rio de Janeiro: Imago, 1997.
Correspondances (1923-1968) Jean Paulhan et Francis Ponge. Paris: Gallimard, 1986.
O Caderno do Pinhal. Trad. Leonor Nazaré Lisboa: Jena, 1986.
Pratiques d'écriture ou l' inachèvement perpétuel, Paris: Hermann, 1984.
Nioque de l'avant-printemps. Paris: Gallimard, 1983.
L'Atelier contemporain. Paris: Gallimard, 1977.
Entretiens de Francis Ponge avec Philippe Sollers. Paris: Gallimard, 1970.
Le Savon. Paris: Gallimard, 1967.

GERAL

AGAMBEN, Giorgio. *Profanations.* Paris: Éditions Payot & Rivages, 2005.

_____ (org.). *Preferiría no Hacerlo.* Bartleby el Escribiente, Seguido de Tres Ensayos sobre Bartleby, de Gilles Deleuze, Giorgio Agamben e José Luis Pardo. Valencia: Pre-Textos. 2001.

ALIGHIERI, Dante. *A Divina Comédia. Inferno.* Trad. Ítalo Eugenio Mauro. São Paulo: Editora 34, 2000 (edição bilíngue).

ALLOUCH, Jean. *Erótica do Luto no Tempo da Morte Seca.* Rio de Janeiro: Companhia de Freud, 2004.

ARON, Thomas. *L'Objet du texte et le texte-objet, La chèvre de Francis Ponge.* Paris: Les Editeurs Français Reunis, 1980.

ATHAYDE, Félix de. *Idéias Fixas de João Cabral de Melo Neto.* Rio de Janeiro: Nova Fronteira, 1998.

BANDEIRA, Manuel. *Itinerário de Pasárgada.* Rio de Janeiro: Nova Fronteira, 2000.

_____. *Poesia. Novos Clássicos.* São Paulo: Agir, 1983.

BARBOSA, João Alexandre. *João Cabral de Melo Neto.* São Paulo: Publifolha, 2001.

_____. Poesia Crítica de João Cabral, *Cult.* São Paulo, ano XIII, n. 29. dez., 1999.

BAUDELAIRE, Charles. *As Flores do Mal.* Trad. Ivan Junqueira. Rio de Janeiro: Nova Fronteira, 1985.

BELLATORE, André. *Le Savon* ou "l'exercice" du lecteur. In: GLEIZE, Jean-Marie (dir). *Ponge, résolutment.*

BENJAMIN, Walter. *Obras Escolhidas II. Rua de Mão Única.* São Paulo: Brasiliense. 1995.

_____. *Obras Escolhidas III. Charles Baudelaire: Um Lírico no Auge do Capitalismo.* São Paulo: Brasiliense, 1995.

BERGEZ, Daniel. *Littérature et peinture.* Paris: Armand Colin, 2004.

BEUGNOT, Bernard; MARTIL, Jacinthe; VECK Bernard. *Bibliographie des Écrivains Français.* Paris-Roma: Memini, 1999.

BEUGNOT, Bernard. *Poétique de Francis Ponge.* Paris: PUF, 1990.

BIDENT, Christophe. *Maurice Blanchot, Partenaire Invisible.* Paris: Champ Vallon, 1998 (Essai biographique).

BLANCHOT, Maurice. *A Conversa Infinita.* São Paulo: Escuta, 2001.

REFERÊNCIAS BIBLIOGRÁFICAS

_____. *A Parte do Fogo*. Rio de Janeiro: Rocco, 1997.
_____. *O Espaço Literário*. Rio de Janeiro: Rocco, 1987.
_____. *Livro por Vir*. Trad. Maria Regina Louro. Lisboa: Relógio D'Água, 1984.
_____. *La Ausencia del Libro. Nietzsche y la Escritura Fragmentaria*. Buenos Aires: Caldén, 1973. (Colección El Hombre del Mundo.)
_____. Le Demain joueur (sur l'avenir du surréalisme). *La Nouvelle Revue Française. André Breton et Le Mouvement Surréaliste*. Paris, n. 172, abr., 1967.
CALVINO, Ítalo. *Leçons Américaines*. Paris: Gallimard, 1989.
CÂMARA CASCUDO, Luís da. *Dicionário do Folclore Brasileiro*. Belo Horizonte: Itatiaia, 1984.
CAMBON, Fernand. Paul Celan en Provence. *Carnets de l'École de Psychanalyse Sigmund Freud*. Paris, n. 35, mai.-juin, 2001.
CAMPOS, Augusto de. *Rilke: Poesia-Coisa*. Rio de Janeiro: Imago, 1994.
CAMPOS, Haroldo de. *O Arco-íris Branco: Ensaios de Literatura e Cultura*. Rio de Janeiro: Imago, 1997.
CARONE, Modesto. *A Poética do Silêncio: João Cabral de Melo Neto e Paul Celan*. São Paulo: Perspectiva, 1979.
CARREIRA, Eduardo (org.). *Os Escritos de Leonardo da Vinci sobre a Arte da Pintura*. Brasília/São Paulo: Editora UnB/Imprensa Oficial do Estado, 2000.
CASTAÑON-GUIMARÃES, Júlio. Distribuição de Papéis: Murilo Mendes Escreve a Carlos Drummond de Andrade e a Lúcio Cardoso. *Papéis Avulsos*. Rio de Janeiro: Fundação Casa de Rui Barbosa. n. 27, 1996.
CASTELLO, José. *João Cabral de Melo Neto: O Homem sem Alma & Diário de Tudo*. Rio de Janeiro: Bertrand Brasil, 2006.
CELAN, Paul. *Arte Poética: O Meridiano e Outros Textos*. Lisboa: Cotovia, 1996.
CÍCERO, Antonio. *Finalidades sem Fim*. São Paulo: Companhia das Letras, 2005.
COLLIN, Françoise. *Maurice Blanchot et la question de l'écriture*. Paris: Gallimard, 1971.
COLLOT, Michel. *Francis Ponge: Entre mots et chose*. Seysell: Champ Vallon.
_____. *La Poésie moderne et la structure d'horizon*. Paris: PUF, 1989.
COSTA LIMA, Luiz. *Intervenções*. São Paulo: Edusp, 2002.
_____. *Mímesis: Desafio ao Pensamento*. Rio de Janeiro: Civilização Brasileira, 2000.
_____. *Lira & Antilira: Mário, Drummond, Cabral*. Rio de Janeiro: Topbooks, 1995.
_____. *Limites da Voz: Kafka*. Rio de Janeiro: Rocco, 1993.
CRÉPON, Marc. *Langues sans demeure*. Paris: Galilée, 2005.
DERRIDA, Jacques. *Papel Máquina*. São Paulo: Estação Liberdade, 2004..
_____. *Torres de Babel*. Belo Horizonte: Editora da UFMG, 2002.
_____. *La Contre-allée*. Paris: La Quinzaine Littéraire-Louis Vuitton, 1997.
_____. La Langue n'appartient pas. *Europe*, jan.-fev., 2001.
_____. *El Monolinguismo del Otro*. Buenos Aires: Manantial, 1997.
_____. *Points de suspension: Entretiens*. Paris: Galilée, 1992.
_____. *Signéponge*. Paris: Seuil, 1988.
DIDI-HUBERMAN, Georges. *Gestes d'air et de pierres: corps, paroles, souffle, image*. Paris: Minuit, 2005.
_____. *Être Crâne. Lieu, contact, pensée, sculture*. Paris: Minuit, 2000.
DRUMMOND DE ANDRADE, Carlos. *Poesia Reunida*. Rio de Janeiro: Record. 1983.
_____. *Antologia Poética*. Rio de Janeiro: José Olympio, 1975.
FOUCAULT, Michel. *O Pensamento do Exterior*. São Paulo: Princípio, 1990.

FREUD, Sigmund. *O Ego e o Id e outros Trabalhos. Obras Completas.* Trad. e rev. técnica Jayme Salomão (dir.geral). Rio de Janeiro: Imago, 1976.

GIACOMETTI, Alberto. *Oeuvre grave.* Paris: Maeght, 2001.

_____. *Je ne sais ce que je vois qu'en travaillant.* Paris: L'échoppe, 1993.

GLEIZE, Jean-Marie (dir.). *Ponge, résolument.* Lyon: Ens, 2004.

_____. Lectures de Pièces de Francis Ponge. In: _____. *Pieces: les mots et les choses.* Paris: Belin, 1988.

_____. (ed.) *Cahiers de L'Herne*, n. 51. *Francis Ponge.* Paris: L'Herne. 1986,

_____. L'Or de la figue. In: PONGE, Francis. *Comment une figue de paroles e pourquoi.*

GONÇALVES, Aguinaldo. *Transição e Permanência: Miró/João Cabral: Da Tela ao Texto.* Rio de Janeiro: Iluminuras, 1989.

GRÉSILLON, Almuth. Devagar: Obras. *Papéis Avulsos*, n. 33. Rio de Janeiro: Fundação Casa de Rui Barbosa, 1999.

HAY, Louis. A Montante da Escrita. Trad. José Renato Câmara. *Papéis Avulsos.* Rio de Janeiro: Fundação Casa de Rui Barbosa, 1999.

JAWORSKI, Philippe. *Le Désir et l'empire: Melville et l'écriture. Essais.* Paris: Paris 7, 1982.

KAUFMANN, Vincent. *Le Livre et ses adresses (Mallarmé, Ponge, Valéry, Blanchot).* Paris: Méridiens Klincksieck, 1986.

LACOUE-LABARTHE, Philippe. *La Poésie comme expérience.* Paris: Christian Bourgois, 1997.

LAPORTE, Roger. *Quinze variations sur un theme biographique.* Paris: Flammarion-Léo Scheer, 2003.

_____. *A l'extrême pointe: Proust, Bataille, Blanchot.* Paris: P.O.L., 1998.

LAUTRÉAMONT. *Os Cantos de Maldoror: Poesias e Cartas.* São Paulo: Iluminuras, 2005.

LAVOREL, Guy. *Francis Ponge: Qui suis-je?* Lyon: La Manufacture, 1986.

LE CORBOUSIER. *A Viagem do Oriente.* São Paulo: Cosac Naify, 2007.

LEMINSKI, Paulo. Envie Meu Dicionário. In: BONVICINO, Régis; MELO, Tarso de (orgs.). *Cartas e Alguma Crítica: Paulo Leminski e Régis Bonvicino.* São Paulo: Editora 34. 1999.

LERIS, Michel. Glossaire j'y serre mes glosses. In: *Mots sans mémoire.* Paris: La Galerie Simon, 1969.

LEVY, Tatiana Salem. *A Experiência do Fora: Blanchot, Foucault e Deleuze.* [S.l.], [s.d.].

LISPECTOR, Clarice. *Correspondências.* Org. Teresa Montero. Rio de Janeiro: Rocco, 2002.

MALLARMÉ, Stéphane. *Poemas.* São Paulo: Nova Fronteira. 1990.

MAMEDE, Zila. *Civil Geometria.* São Paulo: Nobel, 1987.

MANDELSTAM, Óssip. *Colóquio sobre Dante.* Barcelona: Acantilado, 2004.

_____. *O Rumor do Tempo e a Viagem à Armênia.* Trad. Paulo Bezerra. São Paulo: Editora 34, 2000.

NAZARÉ, Leonor. *O Caderno do Pinhal.* Lisboa: Hiena. 1983.

MOTA, Leda Tenório. *Francis Ponge: O Objeto em Jogo.* São Paulo: Fapesp/Iluminuras, 2000.

NOVAES, Adauto. *Poetas que Pensaram o Mundo.* São Paulo: Companhia das Letras, 2005.

NOVALIS. *Pólen: Fragmentos, Diálogos, Monólogos.* Trad. Rubens Rodrigues Torres. São Paulo: Iluminuras, 2001.

NOVARINA, Valère. *Diante da Palavra*. Rio de Janeiro: 7 Letras, 2003.
NUNES, Benedito. João Cabral: Filosofia e Poesia. *Colóquio/Letras*, n. 157/158, 2000.
_____. *João Cabral de Melo Neto*. Petrópolis: Vozes, 1974.
OTTONI, Paulo. Os Enigmas da Tradução entre a Língua e o Idioma. Aula inaugural no Instituto de Estudos da linguagem da Unicamp. Campinas, 10 de abril de 2006.
PEIXOTO, Marta. *Poesia com Coisas*. São Paulo: Iluminuras, 1997.
PENJON, Jacqueline. *Nature et culture dans le Roman Brésilien Contemporain: Lexique de la flore et de la Faune*.. Paris: Universidade Paris IV, 1994 (Thèse pour le Doctorat D'état).
PRIGENT, Christian. *Presque tout*. Paris: P.O.L, 2002.
_____. *Ceux qui Merd Rent*. Paris: P.O.L Éditeur, 1991.
_____. *La langue et ses monstres*. Saussines (Hérault): Cadex, 1984.
PROUST, Marcel. *La Memoria Involuntaria*. Trad. Luis Antonio de Villena. Buenos Aires: Los Creadores, 1999.
RABATÉ, Dominique (sous la direction de). *Figures du sujet lyrique*. Paris: PUF, 1996.
RAMOS, Graciliano. *Vidas Secas*. São Paulo: Livraria Martins, 1968.
REBUZZI, Solange. *Leminski, Guerreiro da Linguagem: Uma Leitura das Cartas -Poemas de Paulo Leminski*. Rio de Janeiro: 7 Letras, 2003.
SALLES, Chico. *A Saga do Cordel na Poesia*. 2. ed. Chabocão. [S.n.], [s.d.]
SECCHIN, Antonio Carlos. *João Cabral: A Poesia do Menos e Outros Ensaios Cabralinos*. Rio de Janeiro: Topbooks, 1999.
SENNA, Marta de. *João Cabral, Tempo e Memória*. Rio de Janeiro: Antares, 1980.
SIMÕES, Manuel G. Morte e Vida Severina: Da Tradição Popular à Invenção Poética. *Colóquio/Letras*, n. 157/158, 2000.
SOLLERS, Philippe. *Entretiens de Francis Ponge avec Philippe Sollers*. Paris: Gallimard/Seuil, 1970.
SOUZA, Carlos Mendes. Cartas de João Cabral de Melo Neto para Clarice Lispector. *Colóquio/Letras*, n. 157/158, 2000.
SOUZA TAVARES, Maria Andresen de. *Poesia e Pensamento: Wallace Stevens, Francis Ponge, João Cabral de Melo Neto*. Alfragide: Caminho, 2001.
SÜSSEKIND, Flora. *Correspondência de Cabral com Bandeira e Drummond*. Rio de Janeiro: Fundação Casa de Rui Barbosa/Nova Fronteira, 2001.
_____. *A Voz e a Série*. Belo Horizonte: UFMG/7 Letras, 1998.
UCHOA LEITE, Sebastião. *Crítica de Ouvido*. São Paulo: Cosac Naify. 2003.
VALÉRY, Paul. *Variedades*. Trad. Maiza Martins de Siqueira. São Paulo: Iluminuras, 1999.
_____. *Introdução ao Método de Leonardo da Vinci*. Trad. Geraldo Gérson de Souza. São Paulo: Editora 34, 1998.
VECCHI, Roberto. Recife com Restos. *Colóquio/Letras*, n. 157/158, 2000.
VECK, Bernard; FARASSE, Gérard. *Guide d´un petit voyage dans l´ouevre de Francis Ponge*. Villeneuve d'Ascq (Nord): Press Universitaires du Septentrion, 1999.
VOUILLOUX, Bernard. *Un'art de la figure. Francis Ponge dans l'atelier du peintre*. Paris: Press Universitaires du Septentrion, 1998.

REVISTAS

Brasileiras

Cadernos de Literatura Brasileira. João Cabral de Melo Neto. São Paulo: Instituto Moreira Salles, 1996.
Colóquio/Letras, 157/158. Paisagem Tipográfica. Homenagem a João Cabral de Melo Neto (1920-1999). Lisboa: Fundação Calouste Gulbenkian. 2000.
Revista da Escola Letra Freudiana. Retratura de Joyce. Uma Perspectiva Lacaniana. n. 13, 1993. Rio de Janeiro: Letra Freudiana, 1993.
Range Rede (revista de Literatura). Dossiê João Cabral: Novos Ensaios sobre a Obra do Maior Poeta Brasileiro Vivo. Rio de Janeiro: Erca, 1995.
Terceira Margem. Estética, Filosofia e Crítica nos Séculos XVIII e XIX. Rio de Janeiro: 7 Letras, 2004.

Francesas

Magazine Littéraire. n. 396. Paris: Mars, 2001.
La Licorne. UFR Langues Littératures de la Université de Poitiers, 2000.
Europe. Paul Celan. Paris, n. 861-862, Janvier-Février, 2001.

SITES LITERÁRIOS

<site/ponge/gleize/trois.html>.
Le Trésor de la Langue Francaise. Disponível em <http://atif.atif.fr/tlf.htm>.
Groupe Francis Ponge. Disponível em <http://cep.ens-1sh.fr/ponge/index.htm>
XMLitré,Dictionnaire en ligne. Disponível em <http://francois.gannaz.free.fr/littre/>
Dictionnaire de la Langue Francaise de Alan Rey. Disponível em <http://www.nathan.fr/feuillegate/lrobert/book.html>

CRÍTICA NA PERSPECTIVA

Texto/Contexto I
Anatol Rosenfeld (D007)

Kafka: Pró e Contra
Günter Anders (D012)

A Arte no Horizonte do Provável
Haroldo de Campos (D016)

O Dorso do Tigre
Benedito Nunes (D017)

Crítica e Verdade
Roland Barthes (D024)

Signos em Rotação
Octavio Paz (D048)

As Formas do Falso
Walnice N. Galvão (D051)

Figuras
Gérard Genette (D057)

Formalismo e Futurismo
Krystyna Pomorska (D060)

O Caminho Crítico
Nothrop Frye (D079)

Falência da Crítica
Leyla Perrone Moisés (D081)

Os Signos e a Crítica
Cesare Segre (D083)

Fórmula e Fábula
Willi Bolle (D086)

As Palavras sob as Palavras
J. Starobinski (D097)

Metáfora e Montagem
Modesto Carone Netto (D102)

Repertório
Michel Butor (D103)

Valise de Cronópio
Julio Cortázar (D104)

A Metáfora Crítica
João Alexandre Barbosa (D105)

Ensaios Críticos e Filosóficos
Ramón Xirau (D107)

Escrito sobre um Corpo
Severo Sarduy (D122)

O Discurso Engenhoso
Antonio José Saraiva (D124)

Conjunções e Disjunções
Octavio Paz (D130)

A Operação do Texto
  Haroldo de Campos (D134)

Poesia-Experiência
  Mario Faustino (D136)

Borges: Uma Poética da Leitura
  Emir Rodriguez Monegal (D140)

As Estruturas e o Tempo
  Cesare Segre (D150)

Cobra de Vidro
  Sergio Buarque de Holanda (D156)

O Realismo Maravilhoso
  Irlemar Chiampi (D160)

Tentativas de Mitologia
  Sergio Buarque de Holanda (D161)

Dos Murais de Portinari aos Espaços de Brasília
  Mário Pedrosa (D170)

O Lírico e o Trágico em Leopardi
  Helena Parente Cunha (D171)

Arte como Medida
  Sheila Leirner (D177)

Poesia com Coisas
  Marta Peixoto (D181)

A Narrativa de Hugo de Carvalho Ramos
  Albertina Vicentini (D196)

As Ilusões da Modernidade
  João Alexandre Barbosa (D198)

Uma Consciência Feminista: Rosário Castellanos
  Beth Miller (D201)

O Heterotexto Pessoano
  José Augusto Seabra (D204)

O Menino na Literatura Brasileira
  Vânia Maria Resende (D207)

Analogia do Dissimilar
  Irene A. Machado (D226)

O Bom Fim do Shtetl: Moacyr Scliar
  Gilda Salem Szklo (D231)

O Bildungsroman Feminino: Quatro Exemplos Brasileiros
  Cristina Ferreira Pinto (D233)

Arte e seu Tempo
  Sheila Leirner (D237)

O Super-Homem de Massa
  Umberto Eco (D238)

Borges e a Cabala
  Saúl Sosnowski (D240)

Metalinguagem & Outras Metas
  Haroldo de Campos (D247)

Ironia e o Irônico
  D. C. Muecke (D250)

Texto/Contexto II
  Anatol Rosenfeld (D254)

Thomas Mann
  Anatol Rosenfeld (D259)

O Golem, Benjamin, Buber e Outro Justos: Judaica I
  Gershom Scholem (D265)

O Nome de Deus, a Teoria da Linguagem e Outros Estudos de Cabala e Mística: Judaica II
  Gershom Scholem (D266)

O Guardador de Signos
  Rinaldo Gama (D269)

O Mito
  K. K. Rutheven (D270)

O Grau Zero do Escrever
  José Lino Grünewald (D285)

Marcel Proust: Realidade e Criação
  Vera de Azambuja Harvey (D310)

O Poeta e a Consciência Crítica
  Affonso Ávila (D313)

Mimesis
  Erich Auerbach (E002)

Morfologia do Macunaíma
  Haroldo de Campos (E019)

Fernando Pessoa ou o Poetodrama
  José Augusto Seabra (E024)

Uma Poética para Antonio Machado
  Ricardo Gullón (E049)

Poética em Ação
  Roman Jakobson (E092)

Acoplagem no Espaço
  Oswaldino Marques (E110)

Sérgio Milliet, Crítico de Arte
  Lisbeth Rebollo Gonçalves (E132)

Em Espelho Crítico
  Robert Alter (E139)

A Política e o Romance
  Irving Howe (E143)

Crítica Genética e Psicanálise
  Philippe Willemart (E214)

A Morte da Tragédia
  George Steiner (E228)

Ibsen e o Novo Sujeito da Modernidade
  Tereza Menezes (E229)

Tolstói ou Dostoiévski
  George Steiner (E238)

Os Processos de Criação na Escritura, na Arte e na Psicanálise
  Philippe Willemart (E264)

O Idioma Pedra de João Cabral
  Solange Rebuzzi (E280)

O Prazer do Texto
  Roland Barthes (EL02)

Ruptura dos Gêneros na Literatura Latino-americana
  Haroldo de Campos (EL06)

Projeções: Rússia/Brasil/Itália
  Boris Schnaiderman (EL12)

O Texto Estranho
  Lucrécia D'Aléssio Ferrara (EL18)

Duas Leituras Semióticas
  Eduardo Peñuela Cañizal (EL21)

Oswald Canibal
  Benedito Nunes (EL26)

Mário de Andrade/Borges
  Emir R. Monegal (EL27)

A Prosa Vanguardista na Literatura Brasileira: Oswald de Andrade
  Kenneth D. Jackson (EL29)

Estruturalismo: Russos x Franceses
  N. I. Balachov (EL30)

Céu Acima – Para um Tombeau de Haroldo de Campos
  Leda Tenório da Motta (org.) *(S45)*

Sombras de Identidade
  Gershon Shaked (LSC)

Tempo de Clima
  Ruy Coelho (LSC)

Este livro foi impresso na cidade de São Paulo,
nas oficinas da Yangraf Gráfica e Editora Ltda., em maio de 2010,
para a Editora Perspectiva S.A.